Stichworte

Literatur

- Amtliches Lohnsteuer-Handbuch 2026, Bundesministerium der Finanzen (Hrsg.)
- *Anzinger/Koberski*, Kommentar Arbeitszeitgesetz, 5. Auflage 2020, Deutscher Fachverlag
- *Hablizel/Bößmann*, Eingruppierung nach dem TVöD, Loseblattwerk inkl. CD und Online-Zugang, WEKA MEDIA
- *Jörger u.a.*, Die AVR von A bis Z, Erläuterungen zu den Arbeitsvertragsrichtlinien des Deutschen Caritasverbandes, Loseblattwerk zur Fortsetzung, 6. Auflage 2021, KETTELER-Verlag
- *Küster*, AVR – Eingruppierung in Einrichtungen der Caritas, 2024, KETTELER-Verlag
- *Müller-Glöge/Preis/Gallner/Schmidt*, Erfurter Kommentar zum Arbeitsrecht, 25. Aufl. 2025, Verlag C.H.BECK
- *Oxenknecht-Witzsch/Eder/Stöcke-Muhlack/Schmitz/Richartz (Hrsg.)*, Eichstätter Kommentar MAVO und KAGO, 2. Auflage 2018, KETTELER-Verlag
- *Oxenknecht-Witzsch (Hrsg.)*, Checklisten zum Arbeits- und Mitarbeitervertretungsrecht mit Erläuterungen, 9. Auflage 2022, KETTELER-Verlag
- *Reichold/Weller*, Das Arbeits- und Tarifrecht in der katholischen Kirche, 2. Auflage 2024, Verlag C.H. BECK
- *Richardi/Spelge*, Arbeitsrecht in der Kirche, 9. Auflage 2025, Verlag C.H.BECK
- *Richartz*, Arbeitszeugnisse in Kirche, Caritas und Diakonie, 2021, KETTELER-Verlag

- *Rinck/Böhle/Pieper/Geyer*, Beck'scher Online-Kommentar zum TVöD, 74. Edition
- *Schaub*, Arbeitsrechts-Handbuch, 21. Auflage 2025, Verlag C.H.BECK
- *Ullrich*, Beschäftigtendatenschutz der katholischen Kirche, 2022, KETTELER-Verlag
- *Weber*, Arbeitszeit und Dienstplangestaltung in Einrichtungen der Caritas, 2020, KETTELER-Verlag

Gesetzestexte und Sammlungen kirchlicher Arbeitsvertragsordnungen

- *Richardi*, Arbeitsgesetze, Beck-Texte im dtv, 108. Auflage 2026
- Richtlinien für Arbeitsverträge in den Einrichtungen des Deutschen Caritasverbandes (AVR), Lambertus Verlag

Fachzeitschrift

ZMV – DIE MITARBEITERVERTRETUNG, auch online ab Jahrgang 2000 verfügbar – sowie eine Rechtsprechungsdatenbank mit Volltextsuche, KETTELER-Verlag

Anschriften

- Bundesarbeitsgemeinschaft
  der Mitarbeitervertretungen – BAG-MAV
  Godesberger Allee 127, 53175 Bonn
  Telefon 0228/2439-577

Internet-Adressen

- Arbeitsrechtliche Kommission des Deutschen Caritasverbandes – Mitarbeiterseite:
  https://www.akmas.de

- Bundesarbeitsgericht: www.bundesarbeitsgericht.de
- Bundesarbeitsgemeinschaft der Mitarbeitervertretungen: www.bag-mav.de
- Bundesministerium für Arbeit und Soziales: www.bmas.de
- Bundesrecht: www.bundesrecht.de
- dbb-tarifunion: www.tarifunion.dbb.de
- Katholische Arbeitnehmerbewegung: https://kab.de
- KETTELER-Verlag GmbH: www.ketteler-verlag.de
- Marburger Bund: https://www.marburger-bund.de
- ver.di: www.verdi.de
- Wolfram Schiering: www.schiering.org
- Zeitschrift „ZMV – Die Mitarbeitervertretung“: www.zmv-online.de
- Zentrale Arbeitsrechtliche Kommission – Mitarbeiterseite: zak-mas.de
- Zusatzversorgungskasse: www.kzvk.de (katholische Kirche und Caritas)

Abfindung

Abfindung ist die finanzielle Entschädigung durch den Arbeitgeber für den Verlust des Arbeitsplatzes. Es gibt drei Fälle, in denen Abfindungen vorgesehen sind: Bei betriebsbedingten Kündigungen entsteht ein Abfindungsanspruch, wenn der/die Mitarbeiter/in keine Kündigungsschutzklage erhebt (§ 1a KSchG). Der Anspruch auf diese Form der Abfindung setzt voraus, dass der Arbeitgeber in der Kündigungserklärung darauf hinweist. Daneben können Abfindungsansprüche durch gerichtlichen Vergleich sowie bei rechtswidrig ausgesprochenen Kündigungen entstehen. Auch in Auflösungsverträgen können Abfindungen vereinbart werden. Die Regelabfindung beträgt ein halbes Monatsgehalt Abfindung je Beschäftigungsjahr (§ 1a Abs. 2 KSchG), höhere Abfindungen je nach wirtschaftlicher oder sozialer Härte für den/die Mitarbeiter/in sowie finanzieller Leistungsfähigkeit des Arbeitgebers (vgl. auch § 1a sowie § 10 KSchG) sind möglich. Zum anderen kann das Arbeitsgericht den Arbeitgeber zur Zahlung einer Abfindung verurteilen, wenn die Kündigung unwirksam, der Arbeitnehmerin bzw. dem Arbeitnehmer der Fortbestand des Arbeitsverhältnisses aber nicht zuzumuten ist (§§ 9, 10 KSchG). Bei rechtmäßiger Kündigung des Arbeitsverhältnisses besteht kein Abfindungsanspruch.

Im Bereich der katholischen Kirche gibt es Sicherungsordnungen (z.B. in den Diözesen in NRW in den Bestimmungen der KAVO oder ihrer Anlagen zum Rationalisierungsschutz). Auch Sozialpläne nach § 36 Abs. 1 Nr. 11 MAVO aus Anlass der (Teil-)Schließung von Einrichtungen oder anderen Organisationsänderungen mit negativen Konsequenzen für die Mitarbeiterschaft enthalten in der Regel Abfindungsregelungen. Im Kündigungsschutzprozess können Abfindungen als Vergleich zwischen den Parteien vereinbart werden.

Abfindungen sind zwar sozialversicherungsfrei, jedoch in vollem Umfang steuerpflichtig. Steuerrechtlich gilt die „Fünftel-Regelung" (§§ 34, 39 Abs. 1 S. 9 EStG), das heißt die Abfindung wird so behandelt, als würde sie über fünf Jahre verteilt ausgezahlt.

Vgl. ZMV 5/2016, S. 272

Abmahnung

Abmahnung ist das arbeitsrechtliche Instrument, um Verstöße des Arbeitnehmers gegen arbeitsvertragliche Leistungs-, Verhaltens- und Vertrauenspflichten zu rügen. Der/die Mitarbeiter/in erhält vom Arbeitgeber die Warnung, dass sein Fehlverhalten nicht akzeptiert wird und er im Wiederholungsfall mit der Kündigung seines Arbeitsverhältnisses rechnen muss.

Die kündigungsschutzrechtliche Abmahnung muss daher drei Funktionen erfüllen:

1. Hinweisfunktion (= konkrete Beschreibung des Fehlverhaltens unter Angabe von Ort und Zeit des Verstoßes)
2. Rügefunktion (= Aufforderung, sich in Zukunft vertragskonform zu verhalten)
3. Warnfunktion (= Androhung der Kündigung für den Wiederholungsfall).

Fehlt eine dieser Funktionen, liegt nur eine Ermahnung vor. Da Abmahnungen zu den Personalakten zu nehmen sind, besitzen sie auch eine Dokumentationsfunktion. Aus Gründen der Beweis- und Rechtssicherheit werden sie in der Regel schriftlich ausgesprochen.

Abmahnungen sind nach der MAVO aus Gründen des Persönlichkeitsschutzes ohne vorherige Beteiligung der MAV auszusprechen und daher mitbestimmungsfrei. Wenn der/die Mitarbeiter/in die Hinzuziehung der MAV wünscht, entscheidet die MAV nach pflichtgemäßem Ermessen darüber, ob sie die Interessen des/der Mitarbeiters/in gegenüber dem Arbeitgeber vertritt, sofern sie die Interessen für berechtigt hält.

In der Abmahnung müssen die Leistungs- oder Verhaltensmängel hinreichend dargestellt sein und die Rechtsfolgen konkret angedroht werden. Die Rüge der Mängel muss zeitnah geschehen. Eine Abmahnung ist grundsätzlich vor jeder ordentlichen verhaltensbedingten Kündigung erforderlich. Eine vorherige Anhörung des/der Mitarbeiters/in ist erforderlich (vgl. auch § 6 Abs. 3 AVR Caritas). Der/die Mitarbeiter/in hat das Recht, eine Stellungnahme zu der Abmahnung abzugeben, die zur Personalakte zu nehmen ist. Die Abmahnung kann vor dem Arbeitsgericht von dem/der Arbeitnehmer/in angefochten werden.

Das BAG hat festgelegt (19.7.2012 – 2 AZR 782/11), dass der/die Arbeitnehmer/in die Entfernung einer zu Recht erteilten Abmahnung aus seiner Personalakte verlangen kann, wenn das gerügte Verhalten für das Arbeitsverhältnis in jeder Hinsicht bedeutungslos geworden ist. Auf die Entfernung der Abmahnung aus der Personalakte besteht ein Rechtsanspruch, wenn die Abmahnung ihre Warnfunktion verloren hat. Dies bedeutet, dass Abmahnungen nicht nach Ablauf von Regelfristen (z.B. 2 oder 3 Jahre) aus der Personalakte zu entfernen sind, sondern dass für jeden einzelnen Fall eine individuelle Überprüfung der näheren Umstände zu erfolgen hat.

Zur Entfernung aus der Personalakte: Ullrich, Beschäftigtendatenschutz der katholischen Kirche, 2022, Rn. 277 ff.

Zur Abmahnung eines MAV-Mitglieds: KAG Mainz, 22.5.2018, ZMV 4/2018, S. 199

Vgl. KAG Bayern, 21.4.2015, ZMV 6/2015, S. 342; LAG Köln, 6.9.2016, ZMV 5/2017, S. 286; BAG, 9.9.2015, ZMV 4/2016, S. 236; siehe auch ZMV 1/2025, S. 3; 6/2019, S. 301

Änderungskündigung

Die Änderungskündigung ist ein aus zwei Willenserklärungen zusammengesetztes Rechtsgeschäft: einer Beendigungskündigung in Bezug auf das bestehende Arbeitsverhältnis und einem Vertragsangebot über die Fortsetzung des Arbeitsverhältnisses zu geänderten Bedingungen (§ 2 KSchG).

Für den ersten Teil, die Beendigungskündigung, müssen die formellen und materiellen Voraussetzungen einer Kündigung vorliegen. Erforderlich ist ein Kündigungsgrund, die Kündigungsfristen müssen eingehalten werden etc. Aufgrund des „Ultima-Ratio-Prinzips“ (letztes mögliches Mittel) der Beendigungskündigung muss der Arbeitgeber vor deren Ausspruch prüfen, ob eine Fortsetzung des Arbeitsverhältnisses unter geänderten Bedingungen möglich ist.

Die Änderungskündigung muss schriftlich nach Beteiligung der MAV unter Einhaltung der Kündigungsfrist erfolgen. Nach § 30 MAVO unterliegt sie der Anhörung und Mitberatung.

Fällt das Arbeitsverhältnis unter den Geltungsbereich des Kündigungsschutzgesetzes (s.u. Kündigungsschutzklage S. 65), kann der/die Mitarbeiter/in das Vertragsangebot unter dem Vorbehalt annehmen, dass die Kündigung sozial ungerechtfertigt ist, und dementsprechend innerhalb der Dreiwochenfrist (§ 4 KSchG) Klage vor dem Arbeitsgericht erheben. Der Arbeitgeber kann eine Frist für die Annahme des Änderungsangebots setzen. Grundsätzlich kann eine Änderungskündigung aus wichtigem Grund außerordentlich („fristlos" oder mit Auslauffrist) erfolgen. Hierfür gelten dieselben Voraussetzungen wie für die außerordentliche Beendigungskündigung.

Gegenüber tariflich unkündbaren Beschäftigten kann eine außerordentliche Änderungskündigung zum Zweck der Herabgruppierung um eine Vergütungsgruppe ausgesprochen werden (z.B. § 15 Abs. 2 AVR Caritas; TVöD und TV-L sehen diese Möglichkeit nicht vor).

BAG, 18.5.2006, ZMV 1/2007, S. 43; zur Beteiligung der MAV, BAG, 22.10.2015, ZMV 2/2016, S. 110
Vgl. Checkliste „Änderungskündigung", in „Checklisten 2022", S. 47 ff.

Allgemeines Gleichbehandlungsgesetz (AGG)

Mit dem Gesetz sollen ungerechtfertigte Benachteiligungen im Zivil- und insbesondere im Arbeitsrecht verhindert bzw. sanktioniert werden. Verhindert oder sanktioniert werden Diskriminierungen wegen

- der Rasse oder der ethnischen Herkunft,

- des Geschlechts,
- der Religion und der Weltanschauung,
- der Behinderung,
- des Alters und
- der sexuellen Identität.

Einen guten Überblick über die Inhalte des AGG bietet die vom VDD und der EKD herausgegebene interaktive Lernsoftware, die zugangsfrei und kostenlos im Internet zur Verfügung steht (www.agg-schule.de).

Zugunsten der Religionsgemeinschaften enthält § 9 AGG besondere Regelungen, die es z.B. ermöglichen, die Religionszugehörigkeit als Einstellungsvoraussetzung vorzusehen. Streitig ist, ob kirchliche Arbeitgeber für Tätigkeiten, die nicht unmittelbar im Bereich „Verkündigung und Seelsorge" liegen, eine bestimmte Religionszugehörigkeit verlangen können. Mit Urteil vom 25.10.2018 (8 AZR 501/14, ZMV 6/2018, S. 222) hat das BAG festgestellt, dass die Kirchenzugehörigkeit von kirchlichen Arbeitgebern nur gefordert werden kann, wenn ansonsten das Ethos (das religiös geprägte Bewusstsein der Kirche) wahrscheinlich und wesentlich gefährdet würde. Die evangelische Kirche hat Verfassungsbeschwerde gegen das Urteil des Bundesarbeitsgerichts eingelegt. Das Bundesverfassungsgericht hat die Beschwerde an das BAG zurückverwiesen, das erneut zu entscheiden hat und dabei dem kirchlichen Selbstbestimmungsrecht mehr Bedeutung beimessen muss.

Vgl. ZMV 1/2026; 2/2016, S. 107; 1/2015, S. 4; 6/2007, S. 277; 6/2006, S. 277

Arbeitnehmerüberlassung/Leiharbeit

Ein Leiharbeitsverhältnis liegt vor, wenn ein Arbeitgeber eine/n Leiharbeitnehmer/in beschäftigt und diese/n einem Dritten (Entleiher) für eine begrenzte Zeit im Rahmen einer wirtschaftlichen Tätigkeit zur Arbeitsleistung überlässt. Den gesetzlichen Rahmen für Leiharbeit bildet das Arbeitnehmerüberlassungsgesetz (AÜG), so dass Leiharbeit vielfach als Arbeitnehmerüberlassung betitelt wird. Das AÜG begrenzt seit der AÜG-Reform 2017 Arbeitnehmerüberlassung auf längstens 18 aufeinanderfolgende Monate bei dem Arbeitgeber, bei dem der jeweilige Einsatz erfolgt. Arbeitnehmerüberlassung nach dem AÜG bedarf der Erlaubnis durch die Agenturen für Arbeit – entweder pauschal oder im Einzelfall. Die Erlaubnispflicht gilt grundsätzlich auch für Arbeitnehmerüberlassung im Bereich von Kirche und Caritas. Das Gesetz ist nicht anzuwenden, wenn auf beiden Seiten der Überlassung juristische Personen des öffentlichen Rechts stehen und kirchliche Arbeitsrechtsregelungen angewandt werden (§ 1 Abs. 3 Nr. 2c AÜG). Das Gesetz findet somit keine Anwendung auf den Bereich der verfassten Kirche. Bei der Arbeitnehmerüberlassung besteht ein Vertrag zwischen Verleiher und Entleiher, der die entgeltliche Überlassung von Arbeitskräften zum Gegenstand hat. Arbeiten im Rahmen von Werkverträgen, selbstständigen Dienst- oder Dienstverschaffungsverträgen sowie Geschäftsbesorgungsverträgen werden nicht vom AÜG erfasst. Existiert für die Leiharbeitnehmer/innen beim Arbeitgeber keine spezielle tarifliche Regelung, so haben sie während der Überlassung an einen Entleiher grundsätzlich Anspruch auf die gleichen wesentlichen Arbeitsbedingungen einschließlich des Arbeitsentgelts wie vergleichbare Arbeitnehmer des Entleihers. Für den Bereich der Caritas bestimmt § 24 AVR-AT, dass Mitarbeiter/innen, die an Einrichtungen und Dienststellen nach dem AÜG überlassen werden, abweichend von § 1 Abs. 1b S. 1 AÜG bis zu fünf Jahre überlassen werden können, wenn für diese mindestens die Vergütungsregelungen der AVR in ihrer jeweils gültigen Fassung zur Anwendung kommen.

Vgl. ZMV 6/2016, S. 306; ZMV 1/2017, S. 36

Zur Mitbestimmung der MAV vgl. KGH.EKD, 2.4.2008, ZMV 1/2009, S. 39 und 9.10.2006, ZMV 2/2007, S. 92; KAGH, 27.11.2009, ZMV 1/2010, S. 37

Vgl. Oberthür, Neuregelung des Arbeitnehmerüberlassungsgesetzes, Eichstätter Schriften Band 3, 2017, S. 63 ff.

Arbeitslosengeld I

Anspruch auf Arbeitslosengeld I haben Arbeitnehmer/innen, die sich bei der Agentur für Arbeit arbeitslos gemeldet haben und die mindestens zwölf Monate in einem in der Arbeitslosenversicherung versicherungspflichtigen Arbeitsverhältnis gestanden haben (§ 136 i.V.m. § 142 SGB III). Weiterhin müssen sie sich darum bemühen, die Beschäftigungslosigkeit zu beenden und der Agentur für Arbeit zur Vermittlung zur Verfügung stehen. Die Anspruchsdauer beträgt – gestaffelt nach der Dauer der versicherungspflichtigen Tätigkeit – sechs bis achtzehn Monate (§ 150 SGB III), wobei eine Anspruchsdauer von mehr als zwölf Monaten nur zugunsten von Personen besteht, die bereits das 55. Lebensjahr vollendet haben. Das Arbeitslosengeld beträgt bei kinderlosen Arbeitslosen 60 %, bei Arbeitslosen, die mindestens ein unterhaltsberechtigtes Kind haben, 67 % des pauschalierten Nettoentgelts. Das pauschalierte Nettoentgelt wird aus den Bruttobezügen ermittelt, das die/der Arbeitslose im Jahr vor der Entstehung des Anspruchs bezogen hat (§ 151 i.V.m. § 154 SGB III).

Arbeitsunfähigkeit (krankheitsbedingt)

Krankheitsbedingte Arbeitsunfähigkeit ist von dem/der Mitarbeiter/in unter Angabe der voraussichtlichen Dauer unverzüglich dem Arbeitgeber mitzuteilen. Der Arbeitgeber hat grundsätzlich keinen Anspruch, die Krankheitsgründe zu erfahren. Dies gilt auch für Fortsetzungserkrankungen. Eine Ausnahme hiervon liegt vor, wenn die Art der Erkrankung besondere Maßnahmen des Arbeitgebers zum Schutz anderer fordert. Dauert die Arbeitsunfähigkeit länger als drei Kalendertage, muss dem Arbeitgeber spätestens an dem darauffolgenden Arbeitstag eine ärztliche Bescheinigung über die Dauer der Arbeitsunfähigkeit vorgelegt werden. Ist der Arbeitnehmer / die Arbeitnehmerin Versicherter einer gesetzlichen Krankenkasse genügt der Gang zum Arzt. Die Kassen sind verpflichtet, im genannten Zeitpunkt das Bestehen einer Arbeitsunfähigkeit sowie deren voraussichtliche Dauer feststellen und sich eine ärztliche Bescheinigung aushändigen zu lassen. Diese liegt für den Arbeitgeber dann im elektronische Abrufsystem bei den Krankenkassen vor. Er ist verpflichtet die Daten hierüber abzurufen.
Vgl. auch ZMV 6/2024, S. 305 ff.; 5/2024, S. 249 ff.

▪ Arbeitsunfähigkeitsbescheinigung

Der Arbeitgeber ist aufgrund von § 5 Abs. 1 Entgeltfortzahlungsgesetz berechtigt, die Bescheinigung früher als nach drei Tagen Arbeitsunfähigkeit zu verlangen.

Die Meldung der Arbeitsunfähigkeit an die Krankenkassen durch die Arztpraxen erfolgt digital.

Seit dem 1. Januar 2023 ist der Arbeitgeber verpflichtet, am elektronischen Verfahren teilzunehmen und die digitale Bescheinigung selbst bei der Krankenkasse abzurufen.

Seit Anfang 2024 besteht die Möglichkeit, dass der/die Arbeitnehmer/in der behandelnden Ärztin bzw. dem behandelnden Arzt leichtere Erkrankungen im Videogespräch oder telefonisch anzeigen kann, wenn sie oder er der Ärztin / dem Arzt bekannt ist. Dies gilt für Arbeitsunfähigkeiten von bis zu sieben Tagen.

Vgl. ZMV 6/2021, S. 331; 2/2020, S. 75; 5/2016, S. 299

▪ Entgeltfortzahlung

Nach den Mindestbedingungen des Entgeltfortzahlungsgesetzes haben Arbeitnehmer und Arbeitnehmerinnen einen Rechtsanspruch gegenüber ihrem Arbeitgeber auf Entgeltfortzahlung im Krankheitsfall für die Dauer von sechs Wochen, und zwar für jede eigene Krankheitsart (§ 3 Abs. 1 EFZG).

Erkrankt hingegen der Arbeitnehmer / die Arbeitnehmerin mehrfach an derselben Krankheit, so wird dieser Anspruch innerhalb von 12 Monaten – gerechnet von der ersten Arbeitsunfähigkeit – auf insgesamt sechs Wochen begrenzt. Liegt zwischen zwei selben Erkrankungen ein Zeitraum von sechs Monaten, besteht ein neuer Anspruch auf Entgeltfortzahlung von sechs Wochen. In diesem Fall beginnt auch die vorgenannte 12-Monatsfrist neu zu laufen. Die Frage, ob dieselbe Krankheit vorliegt, klärt im Regelfall die jeweilige Krankenkasse, da der Arbeitnehmer / die Arbeitnehmerin grundsätzlich nicht verpflichtet ist, dem Arbeitgeber die Krankheitsart mitzuteilen. Die Frage, ob eine Entgeltfortzahlung zu gewähren ist, sowie deren Dauer und Höhe, beantwortet allein der Arbeitgeber – nicht die Krankenkasse. Die Krankenkasse hat nur ein Entscheidungs- und Bestimmungsrecht über das von ihr zu zahlende Krankengeld.

- Krankengeld

Krankengeld wird aus der gesetzlichen Krankenversicherung wegen derselben Krankheit für längstens 78 Wochen innerhalb eines Blockzeitraums von drei Jahren gewährt. Weil sich der 78-Wochen-Zeitraum am Beginn der Arbeitsunfähigkeit orientiert, werden die 6 Wochen Entgeltfortzahlung angerechnet. Dies bedeutet eine tatsächliche Krankengeldzahlung für 72 Wochen. Die Leistungsdauer wird nicht verlängert, wenn zu derselben Krankheit während des Bezugszeitraums eine zweite Krankheit dazu tritt (sog. Grundsatz der „Einheit des Versicherungsfalls“), welche ebenfalls Arbeitsunfähigkeit zur Folge hat. Das (Brutto-)Krankengeld beträgt nach § 47 SGB V 70 % des regelmäßigen Arbeitsentgelts vor der Krankheit; es ist auf maximal 90 % des Nettoarbeitsentgelts beschränkt. Das Krankengeld ist grundsätzlich beitragspflichtig zur Renten-, Arbeitslosen- und Pflegeversicherung.

▪ Krankengeld bei Erkrankung des Kindes

Krankengeld bei Erkrankung des Kindes (Kinderpflegekrankengeld) ist eine Leistung für Versicherte in der gesetzlichen Krankenkasse (§ 45 SGB V). Es wird gezahlt, wenn es nach ärztlichem Zeugnis erforderlich ist, dass der/die Mitarbeiter/in zur Betreuung des erkrankten Kindes der Arbeit fernbleiben muss und das Kind das 12. Lebensjahr noch nicht vollendet hat oder behindert und auf Hilfe angewiesen ist (vgl. § 45 SGB V).

Seit 2024 werden durch das Pflegestudiumsstärkungsgesetz 15 Kinderkrankengeldtage pro Kind gewährt, für Alleinerziehende pro Kind 30 Arbeitstage. Die Gesamtzahl der jährlichen Anspruchstage pro Elternteil beläuft sich seitdem auf 35 Arbeitstage und für Alleinerziehende auf insgesamt 70 Arbeitstage pro Jahr.

Vgl. ZMV 1/2025, S. 32; 2/2020, S. 75; 3/2013, S. 154; 2/2013, S. 74; 4/2007, S. 165; 5/2006, S. 271; 4/2005, S. 216; 6/2002, S. 285

▪ Krankengeldzuschuss

TVöD/TV-L und AVR Caritas enthalten Regelungen, die zugunsten der Beschäftigten über die Mindestregelungen des EntgeltFortzahlungsgesetzes über den sechswöchigen Lohnfortzahlungsanspruch hinausgehen. Erkrankt der/die Mitarbeiter/in länger als sechs Wochen, wird – ergänzend zum Krankengeld (von der Krankenkasse) – vom Arbeitgeber ein Krankengeldzuschuss gezahlt.

Anlage 1 AVR Caritas sieht nach der sechsten Arbeitsunfähigkeitswoche ein Zuschusssystem vor, das grundsätzlich § 22 TVöD/TV-L entspricht. Nach § 22 Abs. 3 TVöD/TV-L wird der Krankengeldzuschuss bei einer

Beschäftigungszeit von mehr als einem Jahr bis Ende der 13. Woche und bei einer Beschäftigungszeit von mehr als drei Jahren bis Ende der 39. Woche seit Beginn der Arbeitsunfähigkeit in Folge derselben Krankheit gezahlt. Mit der Formulierung „seit Beginn der Arbeitsunfähigkeit" wird deutlich, dass die sechswöchige Gehaltsfortzahlung angerechnet wird. Dies bedeutet: nur sieben Wochen bzw. 33 Wochen Krankengeldzuschuss durch den Arbeitgeber.

Als Zuschuss wird der Unterschiedsbetrag zwischen den tatsächlichen Barleistungen des Sozialleistungsträgers und dem Nettoentgelt gezahlt. Während TVöD und TV-L als Barleistung das Bruttokrankengeld ansetzen, ist die AVR Caritas mitarbeiterfreundlicher und setzt nur das Nettokrankengeld an (Anl. 1 Abschnitt XII Abs. h).

Da Krankengeldzuschuss nur dann gezahlt werden kann, wenn eine entsprechende Bescheinigung der Krankenkasse über die Dauer und die Höhe des Krankengelds vorliegt, obliegt es dem/der Mitarbeiter/in, diese dem Arbeitgeber unverzüglich vorzulegen. Verspätete Vorlagen können zum Verlust des Krankengeldzuschusses führen, weil entsprechende Ausschlussfristen gelten.

Krankengeldzuschuss ist steuerpflichtiges Arbeitsentgelt im Sinne des § 19 Abs. 1 EStG, § 2 Abs. 2 Nr. 5 LStDV. Da Krankengeldzuschüsse sich aber grundsätzlich zwischen 60,– und 250,– € im Monat bewegen, fällt in den Steuerklassen I, II, III und IV regelmäßig keine Steuer an. In der Sozialversicherung gelten Zuschüsse des Arbeitgebers zum Krankengeld dann nicht als beitragspflichtiges Arbeitsentgelt, wenn sie zusammen mit dem Krankengeld das Nettoarbeitsentgelt um nicht mehr als 50,– € überschreiten (§ 23 c Abs. 1 SGB IV).

Arbeitsunfall

Alle Arbeitnehmer/innen in Deutschland sind gesetzlich gegen Arbeitsunfälle versichert. Im Gegensatz zu den anderen Sparten der Sozialversicherung trägt der Arbeitgeber die Beiträge zur gesetzlichen Unfallversicherung (gUV) allein. Arbeitsunfälle sind Unfälle, die sich während einer Tätigkeit ereignen, in der kraft Gesetzes oder Satzung gesetzlicher Unfallversicherungsschutz besteht (§ 7 SGB VII). Unfälle sind „zeitlich begrenzte, von außen auf den Körper einwirkende Ereignisse, die zu einem Gesundheitsschaden oder zum Tod führen“ (§ 8 Abs. 1 S. 2 SGB VII). Versichert ist neben der Tätigkeit selbst auch der direkte Weg zur Arbeitsstätte und zurück bis zur Wohnung (sog. Wegeunfall). Auch die Berufskrankheit fällt unter den Versicherungsschutz der gUV: § 9 Abs. 1 SGB VII versteht unter Berufskrankheiten jene Krankheiten, welche die Bundesregierung durch Rechtsverordnung mit Zustimmung des Bundesrates bezeichnet und die ein Versicherter / eine Versicherte infolge einer den Versicherungsschutz nach §§ 2, 3 oder § 6 SGB VII begründenden Tätigkeit erleidet. Ein Katalog von Berufskrankheiten ist zuletzt durch die sog. Berufskrankheiten-Verordnung vom 31.10.1997 aufgestellt worden. Die gUV gewährt bei Arbeitsunfällen (Wegeunfällen und Berufskrankheiten) umfangreiche Leistungen:

- Verletztengeld als Lohnersatz,
- Maßnahmen der medizinischen und beruflichen Rehabilitation,
- Unfallrenten etc.

Ansprüche gegen verursachende Dritte können auf den Arbeitgeber übergehen. Arbeitsunfälle sind nach § 193 SGB VII zwingend durch den Arbeitgeber dem zuständigen Unfallversicherungsträger anzuzeigen (Unfallmeldung). Die MAV wirkt nach § 193 Abs. 5 SGB VII bei der Unfallmeldung mit (Näheres siehe unter www.vbg.de oder www.bgw-online.de). Die Fachkraft für Arbeitssicherheit und der/die Betriebsarzt/ärztin sind über das Unfallgeschehen zu informieren.

Versichert sind in der gUV auch Personen, die im Auftrag der Kirche für diese ehrenamtlich tätig sind.

Zur Gesetzlichen Unfallversicherung bei Tätigkeit für die Kirchen ZMV 2/2014, S. 74; 1/2014, S. 14

Arbeitsvertrag

Nach § 611a BGB ist Arbeitnehmer/in, „wer auf Grund eines Arbeitsvertrages im Dienste eines anderen zur Leistung weisungsgebundener, fremdbestimmter Arbeit in persönlicher Abhängigkeit verpflichtet ist".

Der Arbeitsvertrag/Dienstvertrag stellt eine Unterform des Dienstvertrags nach §§ 611 ff. BGB dar. Durch den höheren Grad an Abhängigkeit des/r Arbeitnehmers/in vom Arbeitgeber unterscheidet sich der Arbeitsvertrag von anderen Dienstverträgen, z.B. von denen sogenannter „freier Mitarbeiter/innen". In §§ 2 Abs. 1 TVöD/TV-L, 7 Abs. 1 AVR Caritas ist festgelegt, dass der Abschluss des Arbeitsvertrags schriftlich zu erfolgen hat. Die KAVO NW sieht in § 3 und das ABD Bayern in § 4 Gleiches vor.

Diese vorstehenden Bestimmungen haben jedoch nur deklaratorischen (rechtsanzeigenden) und keinen konstitutiven (rechtsbegründenden) Wert, so dass auch ein mündlich abgeschlossener Vertrag gültig ist. Damit sind auch mündliche Änderungsverträge rechtswirksam. Für befristete Arbeitsverträge hingegen verlangt § 620 Abs. 3 BGB in Verbindung mit § 14 Abs. 4 TzBfG die Schriftform als zwingende Voraussetzung für die Befristung. Der befristete Arbeitsvertrag muss vor Beginn des Arbeitsverhältnisses (und somit vor Aufnahme der Tätigkeit) abgeschlossen werden; ansonsten ist die Befristung unwirksam und ein Arbeitsverhältnis auf unbestimmte Zeit entstanden. Für Arbeitnehmer/innen, die nicht zur vorübergehenden Aushilfe von höchstens einem Monat eingestellt werden, hat der Arbeitgeber nach § 2 Abs. 1 Nachweisgesetz bis spätestens einen Monat nach der Einstellung die wesentlichen Vertragsbedingungen schriftlich niederzulegen. Seit 2025 ist hier auch Textform möglich.

Mindestbestandteile des Arbeitsvertrags sind:

- Name und Anschrift der Vertragsparteien,
- Beginn des Arbeitsverhältnisses,
- bei Befristung: voraussichtliche Dauer,
- Arbeitsort,
- Tätigkeit,
- Arbeitsentgelt (Eingruppierung),
- Arbeitszeit sowie eine
- Bezugnahme auf anzuwendende Tarifverträge, Arbeitsrechtsregelungen usw.

Zum Teil ist in den Diözesen vorgesehen, dass Arbeitsverträge kirchlicher Arbeitgeber der kirchenaufsichtsrechtlichen Genehmigung bedürfen, zum Beispiel durch das Generalvikariat/Ordinariat. Bis zur Genehmigung bleiben die Verträge „schwebend unwirksam"; rechtsgültig werden sie erst nach der Genehmigung (vgl. ZMV 4/2004, S. 49).

Die MAV hat keinen Anspruch darauf, dass ihr Arbeitsverträge zur Kenntnis gegeben werden, da sie nicht zur vertraglichen Inhaltskontrolle berechtigt ist.

Im Rahmen des Mitbestimmungs- bzw. Zustimmungsverfahrens ist sie über die beteiligungspflichtigen Elemente der geplanten Arbeitsverträge zu informieren (z.B. Einstellung und Eingruppierung).

Vgl. ZMV 2/2010, S. 72

Arbeitsvertragsrichtlinien (Vergütung)

Die Kirchlichen Vergütungsordnungen bzw. Tarifwerke unterscheiden sich von den weltlichen Tarifverträgen insofern, dass diese zunächst nicht durch Aushandlung zwischen Tarifvertragsparteien (sog. Zweiter Weg), sondern durch paritätisch von Dienstgeber- und Dienstnehmervertretern besetzten Kommissionen (sog. Dritter Weg, siehe S. 47 f.) beschlossen werden. Sie müssen jeweils individualrechtlich in Bezug genommen werden, denn sie gelten nicht normativ wie die weltlichen Tarifverträge. Für den Bereich des Deutschen Caritasverbands bilden die sog. Arbeitsvertragsrichtlinien (AVR) die Grundlage der Vergütung. Zu deren Novellierung siehe unter „AVR Caritas 2027", S. 33 f. Für den Bereich der

Verfassten Kirche bestehen in den einzelnen Diözesen unterschiedliche Vergütungsordnungen. In den Bayerischen (Erz-)Diözesen werden die Arbeitsverträge auf Grundlage des Arbeitsvertragsrecht für die Bayerischen (Erz-)Diözesen (ABD) geschlossen. In den weiteren Diözesen gibt es kirchliche Arbeits- und Vergütungsordnungen (KAVO) bzw. Arbeitsvertragsordnungen (AVO). Die Ordnungen bestehen zumeist aus einem allgemeinen Teil und weiteren Anlagen, die etwa die Vergütung der einzelnen Berufsgruppen, Zulagen etc. regeln.

Zu den Vergütungsregelungen der Caritas siehe Küster, AVR – Eingruppierung in Einrichtungen der Caritas, 2024, KETTELER-Verlag

Arbeitszeit

Das Arbeitszeitgesetz bildet die Grundlage für Arbeitszeitregelungen. Nach § 3 ArbZG darf die werktägliche Arbeitszeit der Arbeitnehmer/innen grundsätzlich acht Stunden nicht überschreiten. Sie kann – wenn eine Ausgleichsmöglichkeit besteht – auf zehn Stunden verlängert werden. § 7 Abs. 4 ArbZG erlaubt es den Kirchen, in ihren kollektiven Arbeitszeitregelungen durch Arbeitsbereitschaft, Bereitschaftsdienst und Rufbereitschaft die tägliche 10-Stunden-Grenze zu überschreiten (§ 7 Abs. 1 Nr. 1 Buchst. a ArbZG). Beispiele hierfür sind die Regelungen der Anlagen 30 bis 33 zu den AVR Caritas (Möglichkeit: 8 Stunden Vollarbeitszeit und 8 Stunden Bereitschaftsdienst). – In besonderen Fällen sind (auf der Grundlage einer Dienstvereinbarung) sogar 24-Stunden-Dienste möglich.

Ruhepausen, Sonn- und Feiertagsarbeit sind genau geregelt (§§ 4 ff. ArbZG).

TVöD und TV-L enthalten – jeweils in § 6 – die maßgeblichen Bestimmungen für die regelmäßige durchschnittliche wöchentliche Arbeitszeit. Die regelmäßige wöchentliche Arbeitszeit beträgt für Beschäftigte des Bundes und der Kommunen 39 Wochenstunden. Für die Beschäftigten der Länder, also im TV-L Bereich, gibt es unterschiedliche Arbeitszeiten, häufig zwischen 39 und 40 Wochenstunden (§ 6 TV-L und Anhang hierzu). Eigene Arbeitszeitregelungen finden sich im Ärztebereich. Auch die Arbeitszeitregelungen in Kirche und Caritas differieren deutlich. Die regelmäßige Wochenarbeitszeit bewegt sich inzwischen in einem Korridor von 38,5 bis 41 Stunden.

Reisezeiten zu Arbeitsorten nach Vorgaben des Arbeitgebers sind auch für Mitfahrer Arbeitszeit. So hat es der Europäische Gerichtshof (EuGH) in einem Vorabentscheidungsverfahren in einem Fall aus Spanien entschieden (9.10.2025 – C 110/24).

Vgl. ZMV 4/2025, S. 182; 4/2016, S. 197; 3/2016, S. 182
Vgl. Checkliste „Arbeitszeit und Dienstplangestaltung", in „Checklisten 2022", S. 52 ff. sowie insgesamt Weber, Arbeitszeit und Dienstplanung in Einrichtungen der Caritas, 2020, KETTELER-Verlag

Arbeitszeiterfassung

Das Bundesarbeitsgericht hat mit Beschluss vom 13.9.2022 – 1 ABR 22/21 festgelegt, dass der Dienstgeber nach § 3 Abs. 2 Nr. 1 ArbSchG dazu verpflichtet ist, ein (elektronisches) Zeiterfassungssystem einzuführen.

Diese Verpflichtung geht auf das Urteil des EuGH vom 14.5.2019 – C-55/18 zurück, welcher die nationalen Gesetzgeber aufgefordert hatte, zu gewährleisten, dass die Arbeitgeber ein objektives, verlässliches und zugängliches System einführen, mit dem die vom Arbeitnehmer / von der Arbeitnehmerin geleistete tägliche Arbeitszeit gemessen werden kann. Dies soll einerseits die Mitarbeitenden vor überobligatorischer Inanspruchnahme schützen. Andererseits sollen hierdurch Vertrauensarbeitszeit bzw. das Erledigen vereinbarter Aufgaben ohne zeitliche Vorgaben vermieden werden. Ein für das Jahr 2024 geplantes Gesetz zur Arbeitszeiterfassung und eine mögliche Novellierung im Arbeitszeitgesetz wurden bislang nicht umgesetzt.

Vgl. ZMV 1/2025, S. 33; 5/2022, S. 285 f., 4/2019, S. 181 ff., 3/2019, S. 155 f.

Arbeitszeitkonten

Arbeitszeitkonten dienen der Flexibilisierung der Arbeitszeit zugunsten, aber auch zulasten der Arbeitnehmer/innen. Durch das Arbeitszeitkonto kann mehr Zeitsouveränität für die Beschäftigten entstehen, wenn sich diese ihre Arbeitszeit freier einteilen können, andererseits aber auch mehr Zeitsouveränität für den Arbeitgeber, wenn dieser innerhalb des Arbeitszeitkontos die freiere Einteilung vornimmt. Ein weiterer Arbeitgebervorteil von Arbeitszeitkonten ist, dass dadurch die Zahlung von Überstundenzuschlägen innerhalb des Arbeitszeitkontos entfällt.

Durch die Einführung von Arbeitszeitkonten wird in der Regel der sonst bestehende Ausgleichszeitraum für Mehr- oder Minderarbeit ausgedehnt (vgl. § 10 TVöD/TV-L, Anl. 5b und c AVR Caritas). Innerhalb dieser erweiterten Abrechnungszeiträume kann unter Beachtung der im Arbeitszeitgesetz oder in Arbeitsrechtsregelungen bestimmten Grenzen nach oben und unten von der regelmäßigen täglichen oder wöchentlichen Arbeitszeit abgewichen werden.

Arbeitszeitkontenmodelle enthalten Grenzen für „Plus- oder Minusstunden", die von einem in den nächsten Ausgleichszeitraum übertragen werden können. In der Regel ist dabei vorgesehen, dass vom Arbeitgeber angeordnete Mehrarbeit, die zum Ende des Ausgleichszeitraums nicht ausgeglichen werden kann, zu vergüten ist. Vor Abschluss einer Dienstvereinbarung zu Arbeitszeitkonten empfiehlt sich für jede MAV eine ausführliche und fundierte Beratung durch Arbeitszeitexperten!
Vgl. ZMV 6/2016, S. 362; 6/2012, S. 309

Auflösungsvertrag

Aus dem Grundsatz der Vertragsfreiheit folgt, dass die Parteien das Arbeitsverhältnis jederzeit für die Zukunft im gegenseitigen Einvernehmen beenden können (§§ 33 Abs. 1 TVöD/TV-L, 19 Abs. 2 AVR Caritas). Dies muss zwingend schriftlich erfolgen (§ 623 BGB); anderenfalls ist der Auflösungsvertrag nichtig.

Zwingende Regelungsinhalte sind:
- Beendigung im gegenseitigen Einvernehmen
- Zeitpunkt der Beendigung sowie
- Hinweis auf die Verpflichtung des Beschäftigten, sich bei der Agentur für Arbeit arbeitssuchend zu melden (§ 2 Abs. 2 S. 2 Nr. 3, § 38 Abs. 1 SGB III).

Die sozialversicherungsrechtlichen Folgen sind zu beachten. Es besteht die Gefahr einer Sperrzeit für das Arbeitslosengeld, da der/die Mitarbeiter/in durch Unterschrift des Auflösungsvertrags am Verlust des Arbeitsplatzes mitgewirkt hat (§ 159 SGB III). Bei gleichzeitiger Zahlung einer Abfindung kann es zur (teilweisen) Anrechnung auf das Arbeitslosengeld kommen, wenn die (reguläre) Kündigungsfrist nicht eingehalten wurde (§ 158 SGB III).

Im Einzelfall können sich für den Arbeitgeber Aufklärungs- und Informationspflichten über die arbeits- und sozialrechtlichen Folgen eines Auflösungsvertrags ergeben. Grundsätzlich jedoch muss sich der Arbeitnehmer / die Arbeitnehmerin vor Abschluss eines Auflösungsvertrags selbst über die rechtlichen Folgen dieses Schritts Klarheit verschaffen. Wegen der weitreichenden Bedeutung wird Mitarbeitern/innen dringend rechtskundige Beratung über die Konsequenzen der Beendigung des Arbeitsverhältnisses empfohlen.

Beim Abschluss eines Auflösungsvertrags ist die MAV nicht zu beteiligen, aber über die Auflösung des Arbeitsverhältnisses zu informieren.

Ausschlussfrist

Ausschlussfrist bedeutet, dass Arbeitgeber- oder Arbeitnehmeransprüche verfallen (untergehen), wenn sie nicht innerhalb einer bestimmten Frist schriftlich (E-Mail genügt nach BAG) geltend gemacht werden. Ausschlussfristen sind von Rechts wegen zu berücksichtigen; sie erhöhen in Arbeitsverhältnissen die Rechtssicherheit der Vertragsparteien.

Wichtig für die Praxis ist die generelle Ausschlussfrist (§§ 37 TVöD/TV-L, 23 AVR Caritas). Danach verfallen alle Ansprüche aus dem Arbeitsverhältnis, wenn sie nicht innerhalb von sechs Monaten nach Fälligkeit von dem/der Mitarbeiter/in bzw. vom Arbeitgeber schriftlich geltend gemacht werden.

Sind Ausschlussfristen in kirchlichen Arbeitsrechtsregelungen normiert, müssen sie den Mitarbeitern/innen schriftlich mitgeteilt worden sein, wenn sich der Arbeitgeber künftig darauf berufen will.

Im Arbeitsrecht wird grundsätzlich davon ausgegangen, dass einerseits die Mitarbeiter/innen, andererseits die Arbeitgeber ihre wechselseitigen Ansprüche kennen und beziffern können, was angesichts der Kompliziertheit des Rechts in der Realität längst nicht immer der Fall ist. Im Zweifel sollten Mitarbeiter/innen sich daher möglichst schnell in der Personalverwaltung, bei der MAV oder bei Fachanwälten/innen für Arbeitsrecht kundig machen. Ihnen wird empfohlen, eventuelle Ansprüche umgehend schriftlich gegenüber dem Arbeitgeber geltend zu machen.

Außerordentliche Kündigung

Die außerordentliche Kündigung wird im allgemeinen Sprachgebrauch häufig als „fristlose“ bezeichnet. Sie kann jedoch auch mit einer Frist ausgesprochen werden („soziale Auslauffrist“).

Das Arbeitsverhältnis ist aus wichtigem Grund außerordentlich kündbar, wenn Tatsachen vorliegen, aufgrund derer dem Kündigenden unter Berücksichtigung aller Umstände des Einzelfalls und der Interessen beider Vertragsteile die Fortsetzung des Arbeitsverhältnisses bis Ablauf der Kündigungsfrist oder bis zur vereinbarten Beendigung des Arbeitsverhältnisses nicht zugemutet werden kann (§§ 626 BGB, 34 Abs. 2 TVöD, 16 AVR Caritas).

Der Begriff des „wichtigen Grundes" wird durch die Rechtsprechung konkretisiert. Es existiert kein allgemein gültiger „Katalog" von außerordentlichen Kündigungsgründen. Auch betriebsbedingte Gründe können eine außerordentliche Kündigung mit Auslauffrist rechtfertigen. Es hat in jedem Fall eine Interessenabwägung zu erfolgen, ob ein generell geeigneter Grund in der konkreten Situation eine Kündigung rechtfertigt.

Die außerordentliche Kündigung muss dem/der Mitarbeiter/in innerhalb einer Ausschlussfrist von zwei Wochen nach Kenntnis des Kündigungsgrunds zugehen (§ 626 Abs. 2 BGB). Bei der Fristberechnung zählt der Tag der Kenntniserlangung nicht mit (§ 187 Abs. 1 BGB).

Innerhalb einer Zwei-Wochen-Frist ist die MAV zu beteiligen. Aufgrund dieses kurzen Zeitraums kann die Beteiligung bis auf 48 Stunden verkürzt werden (§ 31 Abs. 2 S. 2. MAVO).

Die MAVO enthält in § 31 hierzu ein spezielles Anhörungs- und Mitberatungsrecht. Eine Ausnahme hiervon bildet die außerordentliche betriebsbedingte Kündigung; hieran ist die MAV – wie an einer ordentlichen betriebsbedingten Kündigung – zu beteiligen, um für die/den schutzwürdigere/n unkündbare/n Arbeitnehmer/in gegenüber Kündbaren keinen schwächeren Rechtsschutz entstehen zu lassen.

Mitglieder der MAV sind während der Amtszeit sowie ein Jahr danach nur außerordentlich kündbar. Gleiches gilt für Wahlbewerber und nicht gewählte Wahlbewerber für einen Zeitraum von sechs Monaten nach Bestandskraft der Wahl. Vergleichbarer Sonderkündigungsschutz besteht auch für die Vertrauenspersonen der Schwerbehinderten sowie der Jugendlichen und der Auszubildenden und für Mitglieder arbeitsrechtlicher Kommissionen.

Zur außerordentlichen Kündigung siehe ZMV 3/2023, S. 133 ff., sowie die Checkliste „Außerordentliche Kündigung" im Checklistenheft 2022, S. 41 ff.; zur MAV Beteiligung ZMV 2/2024, S. 67

AVR Caritas 2027

Die „Richtlinien für Arbeitsverträge in den Einrichtungen des Deutschen Caritasverbandes" sind das Regelwerk, nach dem die hauptamtlichen Mitarbeiter der Einrichtungen und Dienste in der Caritas beschäftigt und entlohnt werden (siehe auch das Stichwort „Dritter Weg", S. 47 f.). Sie regeln die Rechte und Pflichten der rund 700.000 Mitarbeiter/innen sowie der verschiedenen Dienstgeber in den bundesweit rund 25.000 Einrichtungen und Diensten der Caritas. Da sich die Regelungen der AVR Caritas an der Basis des Bundesangestellten-Tarifvertrags (BAT) als Vorgänger zum Tarifvertrag des öffentlichen Dienstes (TVöD) orientieren, dieser aber nicht mehr existiert und nicht weiterentwickelt wird, wurde nunmehr eine Reform angestrengt und abgeschlossen. Die AVR sollen sich somit zukünftig auch in der Struktur am aktuellen TVöD orientieren. So wurde für 2027 eine neue Entgeltordnung geschaffen, auch Berufsanfänger sollen in den ersten Berufsjahren deutlich bessergestellt werden.

Für alle Neuanstellungen ab dem 1. Januar 2027 gilt die neue Entgeltordnung unmittelbar.

Bestandsmitarbeitende der Anlagen 2, 2d, 2e haben ein Wahlrecht: Wenn sie keinen Antrag auf Überleitung stellen, bleibt es bei der bisherigen Vergütungstabelle und z.B. der Kinderzulage und den sonstigen Besitzständen.

Hilfreiche Informationen finden Sie z.B. unter www.akmas.de/themen/arbeitsrecht-und-avr/avr2027/avr-ab-2027-fragen-und-antworten.html
Siehe ZMV 6/2025, S. 315

Befristete Arbeitsverträge

Aufgrund der privatrechtlichen Vertragsautonomie können Arbeitsverträge grundsätzlich befristet abgeschlossen werden (§ 620 BGB). Diesen Grundsatz schränken die §§ 14 ff. TzBfG ein.

Bis zur Dauer von zwei Jahren ist die sachgrundlose Befristung möglich (§ 14 Abs. 2 TzBfG). Allerdings gilt dies nach dem Wortlaut der Bestimmung nicht, wenn mit dem Arbeitgeber vor Beginn des sachgrundlos befristeten Arbeitsverhältnisses ein Arbeitsverhältnis bestanden hat. Das BAG legte früher die Bestimmung dahingehend aus, dass in den letzten drei Jahren vor Beginn des befristeten Arbeitsverhältnisses kein Arbeitsvertrag mit diesem Arbeitgeber existiert haben darf. Diese Auslegung erklärte das Bundesverfassungsgericht mit Beschluss vom 13.6.2018 – 1 BvR

1375/14 als verfassungswidrig. Mit Urteil vom 23.1.2019 – 7 AZR 733/16, ZMV 2/2019, S. 101 hat das BAG in Anlehnung an das genannte Urteil festgestellt, dass die Anwendung von § 14 Abs. 2 S. 2 TzBfG dann einzuschränken wäre, soweit das Verbot der sachgrundlosen Befristung unzumutbar ist, weil eine Gefahr der Kettenbefristung in Ausnutzung der strukturellen Unterlegenheit der Beschäftigten nicht besteht und das Verbot der sachgrundlosen Befristung nicht erforderlich ist, um das unbefristete Arbeitsverhältnis als Regelbeschäftigungsform zu erhalten. Das Verbot der sachgrundlosen Befristung kann danach insbesondere unzumutbar sein, wenn eine Vorbeschäftigung sehr lang zurückliegt, ganz anders geartet war oder von sehr kurzer Dauer gewesen ist. Will der Arbeitnehmer gegen die Befristung vorgehen, muss er dies innerhalb der Drei-Wochen-Frist des § 17 TzBfG nach dem vereinbarten Ende tun.

Bei der katholischen Kirche und ihrer Caritas hat der Vermittlungsausschuss der Zentralen Arbeitsrechtlichen Kommission im Januar 2024 beschlossen, dass die Vereinbarung eines befristeten Dienstvertrages ohne Vorliegen eines sachlichen Grundes grundsätzlich unzulässig ist (siehe noch nachfolgend).

Gilt für das Arbeitsverhältnis der TVöD oder TV-L, so muss nach folgenden zwei Beschäftigungsgruppen unterschieden werden:

- Einstellung mit Sachgrund

Kalendermäßig befristete Arbeitsverträge sind nach TVöD und TV-L mit sachlichem Grund nur zulässig, sofern die Dauer des einzelnen Vertrags fünf Jahre nicht übersteigt (§ 30 Abs. 2 S. 1 TVöD/TV-L). Befristete Anschlussarbeitsverhältnisse sind zulässig, sofern für die Befristung ein Sachgrund besteht.

§ 14 Abs. 1 TzBfG enthält einen nicht abschließenden Katalog von Sachgründen, die eine Befristung von in der Regel mehr als zwei Jahren rechtlich rechtfertigen. Ein Sachgrund liegt danach insbesondere vor, wenn

- der betriebliche Bedarf an der Arbeitsleistung nur vorübergehend besteht oder
- die Beschäftigung zur Vertretung eines anderen Arbeitnehmers oder zur Erprobung erfolgt.

Der Sachgrund kann weiterhin auch aus in Spezialgesetzen enthaltenen besonderen Befristungsmöglichkeiten bestehen, z.B. nach § 21 BEEG, § 6 PflegeZG oder § 1 Wissenschaftszeitvertragsgesetz.

Für den gesamten Bereich des katholischen Arbeitsrechts wurde im Vermittlungsausschuss der Zentrale Arbeitsrechtliche Kommission eine Entscheidung dahingehend getroffen, dass eine Befristung von Dienstverträgen zwischen der-/demselben Beschäftigten und demselben Dienstgeber höchstens bis zur Dauer von insgesamt 6 Jahren oder innerhalb dieses Zeitraums bis zur Höchstzahl von 12 Verlängerungen zulässig ist.

Vgl. ZMV 2/2024, S. 70, S. 88

▪ Einstellung ohne Sachgrund

Ein befristeter Arbeitsvertrag ohne Sachgrund soll in der Regel 12 Monate nicht unterschreiten; die Vertragsdauer muss mindestens sechs Monate betragen (§ 30 Abs. 3 S. 1 TVöD/TV-L). Die Höchstdauer des ohne Sachgrund befristeten Arbeitsverhältnisses beträgt zwei Jahre.

Die Befristung ist nur rechtswirksam, wenn sie schriftlich vor Beginn des Arbeitsverhältnisses vereinbart wird (§ 14 Abs. 4 TzBfG). Ist die Befristung wegen Verstoßes gegen das Schriftformerfordernis oder gegen andere Bestimmungen des Teilzeit- und Befristungsgesetzes unwirksam, so gilt der Arbeitsvertrag als auf unbestimmte Zeit abgeschlossen (§ 16 TzBfG).

Die Verlängerung eines befristeten Arbeitsverhältnisses bedarf als „einstellungsgleicher Akt" nach § 34 Abs. 1 MAVO der Zustimmung der MAV.

Will ein/e Arbeitnehmer/in geltend machen, dass die im Arbeitsvertrag vereinbarte Befristung rechtswidrig ist, so muss er/sie spätestens drei Wochen nach Ende der vereinbarten Frist Klage vor dem Arbeitsgericht erheben.

Der Dienstgeber hat die MAV gemäß § 20 TzBfG über die Anzahl der befristet Beschäftigten im Betrieb zu informieren.

Im verfasst-kirchlichen Bereich hatten einige Diözesen die sachgrundlose Befristung bereits ausgeschlossen. Die für die Regelung befristeter Arbeitsverhältnisse zuständige frühere Zentral-KODA (nunmehr Zentrale Arbeitsrechtliche Kommission) hatte beschlossen, dass Dienstgeber Arbeitsverhältnisse mit kirchlichen Angestellten nur noch maximal für 14 Monate sachgrundlos befristen und innerhalb dieser Frist maximal einmal verlängern dürfen. Im Januar 2024 wurde im Vermittlungsausschuss eine Entscheidung dahingehend getroffen, dass die Vereinbarung eines befristeten Dienstvertrages ohne Vorliegen eines sachlichen Grundes grundsätzlich unzulässig ist. Abweichend hiervon ist unter Ausnahmen eine Befristung zur Erprobung bis zur Dauer von 12 Monaten, zur Projektübernahme oder bei Drittmittelfinanzierung bis zu 21 Monate möglich, dies ausschließlich bei erstmaliger Beschäftigung.

Vgl. ZMV 5/2018, S. 263; 6/2016, S. 317; 2/2012, S. 75; 1/2012, S. 18; KAGH, ZMV 2/2024, S. 70, S. 88; 1/2022, S. 3

Bereitschaftsdienst

Bereitschaftsdienst ist in § 7 Abs. 3 TVöD, § 7 Abs. 3 TV-L, § 7 Anl. 5 AVR Caritas geregelt. ABD und KAVO NW legen dies in § 8 bzw. § 14a Abs. 3 fest. Das BAG definiert den Bereitschaftsdienst folgendermaßen: „Bereitschaftsdienst liegt stets dann vor, wenn der Arbeitnehmer sich für Zwecke des Betriebes an einer vom Arbeitgeber bestimmten Stelle innerhalb oder außerhalb des Betriebes aufzuhalten hat, damit er erforderlichenfalls seine volle Arbeitstätigkeit unverzüglich aufnehmen kann."

Wesentlich ist im Vergleich zur Rufbereitschaft, dass der Arbeitgeber den Aufenthaltsort während des Bereitschaftsdienstes bestimmt. Vergütet wird der Bereitschaftsdienst auf der Basis von Erfahrungswerten ermittelten Stufen, mit denen ein bestimmter Prozentsatz (mind. 15 %) als Arbeitszeit gewertet wird. Bereitschaftsdienst kann auch durch Freizeitausgleich abgegolten werden.

Bereitschaftsdienst ist arbeitszeitrechtlich nicht als „Ruhezeit", sondern als Arbeitszeit zu werten und unterliegt dem gesetzlichen Mindestlohn (ZMV 4/2016, S. 234).

Vgl. ZMV 5/2014, S. 267; 5/2013, S. 267; 5/2011, S. 237; 2/2004, S. 62

Beschäftigungsverbote

Beschäftigungsverbote finden sich insbesondere im Jugendarbeitsschutzgesetz (JArbSchG), Arbeitszeitgesetz (ArbZG) sowie im Mutterschutzgesetz (MuSchG). So regelt § 5 JArbSchG zum Beispiel das Verbot von Kinderarbeit, § 23 JArbSchG das Verbot von Akkordarbeit für Jugendliche und § 25 Abs. 1 Nr. 4 JArbSchG, dass Personen, die wegen einer Straftat nach dem Betäubungsmittelgesetz verurteilt wurden, für die Dauer von fünf Jahren nach ihrer Verurteilung Jugendliche nicht beschäftigen sowie im Rahmen eines Rechtsverhältnisses im Sinne des § 1 JArbSchG nicht beaufsichtigen, nicht anweisen, nicht ausbilden und nicht mit der Beaufsichtigung, Anweisung oder Ausbildung von Jugendlichen beauftragt werden dürfen.

Das Mutterschutzgesetz beinhaltet generelle Beschäftigungsverbote sowie in § 16 MuSchG ein individuelles Beschäftigungsverbot, das vom behandelnden Arzt / der behandelnden Ärztin festgelegt werden kann. Diese Regelung gibt dem Arzt / der Ärztin die Möglichkeit, zu bestimmen, welche Tätigkeiten im Hinblick auf individuelle körperliche Gegebenheiten der werdenden Mutter bzw. des ungeborenen Kindes eine Gefahr darstellen können und deshalb nicht mehr ausgeübt werden dürfen. Das ärztliche Beschäftigungsverbot ist sowohl für den Arbeitgeber als auch für die Arbeitnehmerin bindend. Selbst mit Zustimmung der Schwangeren darf der Arbeitgeber sie bei andauerndem Beschäftigungsverbot nicht beschäftigen. Während der Zeit, in der die Beschäftigung ganz oder teilweise untersagt ist, hat die Beschäftigte Anspruch auf den Durchschnittsverdienst der letzten drei abgerechneten Kalendermonate vor Eintritt der Schwangerschaft (§ 18 MuSchG, sog. Mutterschutzlohn, siehe „Mutterschutz", S. 78 ff.).

Vgl. ZMV 2/2013, S. 62; KAG Mainz, ZMV 6/2016, S. 343

Beschäftigungszeit

▪ AVR Caritas / kirchliche Regelungen

Nach § 11 AVR Caritas (bzw. § 18 KAVO) ist Beschäftigungszeit die bei demselben Arbeit-/Dienstgeber in einem Dienstverhältnis zurückgelegte Zeit, auch wenn sie unterbrochen ist. Ist der/die Mitarbeiter/in durch sein/ihr Verschulden oder auf eigenen Wunsch aus dem Dienstverhältnis ausgeschieden, so gelten vor dem Ausscheiden liegende Zeiten nicht als Beschäftigungszeit, es sei denn, dass er/sie das Dienstverhältnis wegen eines mit Sicherheit zu erwartenden Personalabbaus, wegen einer Körperbeschädigung oder einer in Ausübung oder infolge seiner/ihrer Arbeit erlittenen Gesundheitsschädigung aufgelöst hat oder die Nichtanrechnung aus sonstigen Gründen eine unbillige Härte darstellen würde.

Die Beschäftigungszeit ist vor allem für folgende Ansprüche aus dem Arbeitsverhältnis maßgeblich:

- Ordentliche Unkündbarkeit nach einer Beschäftigungszeit von 15 Jahren, frühestens nach Vollen-

dung des 40. Lebensjahres (§ 14 Abs. 5 AVR Caritas, § 41 Abs. 2 KAVO, § 53 Abs. 3 Teil A 1. ABD);
- Dauer der Kündigungsfristen bei einer ordentlichen Kündigung (§ 14 Abs. 2 AVR Caritas, § 41 Abs. 1 KAVO, § 53 Teil A, 1. ABD);
- Dauer der Krankengeldzuschusszahlung nach Ablauf der Entgeltfortzahlung von 6 Wochen durch den Arbeitgeber (Anl. XII, Abs. d AVR Caritas).

§ 22 TVöD/TV-L

Im Bereich des TVöD/TV-L zählen alle Zeiten einer Beschäftigung bei demselben Arbeitgeber zur Beschäftigungszeit – auch Zeiten im ruhenden Arbeitsverhältnis (z.B. Elternzeit gem. § 15 BEEG) – mit Ausnahme von Sonderurlaub. Dieser zählt nur dann als Beschäftigungszeit, wenn der Arbeitgeber vorher schriftlich ein dienstliches Interesse anerkannt hat. Sofern ein vorheriger Arbeitgeber der/des Beschäftigten vom Geltungsbereich des TVöD/ TV-L erfasst wird, sind die dort zurückgelegten Beschäftigungszeiten für die Berechnung der Dauer des Krankengeldzuschusses und für das Jubiläumsgeld anzuerkennen. Voraussetzung ist aber, dass ein Wechsel zwischen den Arbeitgebern stattfindet. Unter dem Begriff „Wechsel" ist nach allgemeinem Sprachgebrauch nur der Fall zu verstehen, dass sich das neue Arbeitsverhältnis zeitlich unmittelbar an das vorhergegangene Arbeitsverhältnis anschließt.

Von der Dauer der Beschäftigungszeit ist die Kündigungsfrist bei ordentlicher Kündigung (§§ 34 Abs. 1 TVöD/TV-L) und der Ausschluss der ordentlichen Kündbarkeit (§§ 34 Abs. 2 TVöD/TV-L) abhängig. Bei der Bestimmung der Kündigungsfrist ist aber nur die Beschäftigungszeit bei demselben Arbeitgeber in einem Arbeitsverhältnis maßgebend.

Betriebliches Eingliederungsmanagement

Sind Mitarbeiter/innen im Kalenderjahr länger als sechs Wochen oder wiederholt arbeitsunfähig, schreibt § 167 Abs. 2 SGB IX dem Arbeitgeber ein Verfahren zur Klärung der Frage vor, wie die Arbeitsunfähigkeit überwunden bzw. erneuter Arbeitsunfähigkeit vorgebeugt und der Arbeitsplatz erhalten werden kann (Betriebliches Eingliederungsmanagement – BEM). Obwohl die Bestimmung im SGB IX enthalten ist, handelt es sich dabei nicht nur um Schwerbehindertenschutzrecht, sondern um allgemeines Arbeitsrecht. Das BEM bedingt zunächst die Zustimmung der betroffenen Person. Zwingend daran zu beteiligen (nach Zustimmung des Betroffenen) ist die MAV; bei Schwerbehinderten auch deren Interessenvertretung. Der MAV sind die für das BEM in der Dienststelle verantwortlichen Personen zu benennen. Eine krankheitsbedingte Kündigung, der kein BEM vorangegangen ist, ist i.d.R. unwirksam, da der Arbeitgeber seiner erhöhten Darlegungs- und Beweislast dafür, dass es im Betrieb keine alternativen Einsatzmöglichkeiten gibt, ohne ein BEM meist nicht nachkommen kann.

Vgl. ZMV 6/2024, S. 305 ff., 3/2024, S. 123; 3/2015, S. 130; 4/2014, S. 194; 3/2011, S. 122; 2/2005, S. 64; BAG, ZMV 3/2016, S. 170; KGH.EKD, ZMV 1/2019, S. 33; siehe auch Checkliste „Betriebliches Eingliederungsmanagement", in „Checklisten 2022"

Betriebsübergang

Nach § 613a BGB liegt ein Betriebsübergang vor, wenn ein Betrieb oder ein abgrenzbarer Betriebsteil durch Rechtsgeschäft – wie z.B. einen Kaufvertrag – auf einen anderen Inhaber übergeht. Der neue Inhaber tritt zunächst in alle Rechte und Pflichten des alten Inhabers, also auch in bestehende Arbeitsverträge, ein.

Gemäß § 613a Abs. 5 BGB hat der bisherige Arbeitgeber oder der neue Inhaber die von einem Betriebsübergang betroffenen Arbeitnehmer/innen in „Textform" zu unterrichten über

1. den (geplanten) Zeitpunkt des Übergangs,
2. den Grund des Übergangs,
3. die rechtlichen, wirtschaftlichen und sozialen Folgen für die Arbeitnehmer/innen und
4. die in Bezug auf die Arbeitnehmer/innen in Aussicht genommenen Maßnahmen.

Da die Unterrichtungspflicht bereits gegenüber den Beschäftigten gilt, besteht sie erst recht gegenüber der MAV gemäß § 27 MAVO.

Der/die betroffene Mitarbeiter/in kann dem Betriebsübergang innerhalb eines Monats nach Zugang der Unterrichtung widersprechen. Folge des Widerspruchs ist, dass das Arbeitsverhältnis zum bisherigen Arbeitgeber bestehen bleibt. Der Arbeitsplatz im funktionalen Sinne geht jedoch auf den neuen Arbeitgeber über. Die Arbeitsbedingungen dürfen aus Anlass des Betriebsübergangs innerhalb eines Jahres nicht zum Nachteil der Mitarbeiter/innen geändert werden. Die Kündigung des Arbeitsverhältnisses durch den bisherigen Arbeitgeber oder durch den neuen Inhaber aufgrund des Betriebsübergangs ist unwirksam (§ 613a Abs. 4 BGB). Die Möglichkeit, das Arbeitsverhältnis aus anderen Gründen kündigen zu können, bleibt unter den jeweiligen Voraussetzungen bestehen.

Tarifvertraglich gebundene Beschäftigungsverhältnisse dürfen nach einem Jahr in andere Tarifverträge überführt werden. Die individualrechtlich vereinbarten kirchlichen Regelungen sind jedoch gegen den Willen des/der Beschäftigten nicht veränderbar.

Vgl. ZMV 6/2016, S. 319; 3/2016, S. 139; 2/2014, S. 70; 1/2007, S. 11; 5/2000, S. 202

Siehe auch Checkliste „Betriebsübergang“, in „Checklisten 2022“, S. 79 ff.

Brückenteilzeit

siehe „Teilzeitbeschäftigung“, S. 102 f.

Datenschutz (KDG)

Das Gesetz über den Kirchlichen Datenschutz (KDG) regelt den Datenschutz in kirchlichen Angelegenheiten für den Bereich der katholischen Kirche in Deutschland und deren Caritas. Die EU-Datenschutz-Grundverordnung erlaubt den Kirchen bzw. Religionsgemeinschaften in Art. 91, eigene Datenschutzregelungen anzuwenden, sofern diese mit der Verordnung in Einklang gebracht werden. Dies ist durch Erlass des KDG geschehen. Es löste am 24. Mai 2018 die Anordnung über den kirchlichen Datenschutz ab. Für 2026 wurde eine umfangreiche Novellierung des KDG beschlossen. Diese tritt zum 1.3.2026 in Kraft. Auch wurde eine neue Durchführungsverordnung (KDG-DVO) beschlossen. So werden die Formulierungen im Gesetz näher an die DSGVO und an das BDSG angepasst. Zudem wird betont, dass Schutz der personenbezogenen Daten ein unerlässlicher Bestandteil des in can. 220 des Codex Iuris Canonici (CIC) anerkannten Rechts auf den Schutz der eigenen Intimsphäre ist.

Siehe zur bisherigen Regelung ZMV 3/2018, S. 114 ff.; zur MAV und zum Datenschutz ZMV 1/2024, S. 10 ff.

▪ (Diözesan-)Datenschutzbeauftragte

Die Bischöfe sind nach § 42 KDG verpflichtet, für ihr jeweiliges Bistum einen sog. Diözesandatenschutzbeauftragten als Leiter der Datenschutzaufsicht zu bestellen. Dieser ist in Ausübung seiner Tätigkeit nicht weisungsgebunden und nur dem kirchlichen Recht und dem für die Kirchen verbindlichen staatlichen Recht unterworfen (§ 43 KDG). Jede betroffene Person hat das Recht auf Beschwerde beim Diözesandatenschutzbeauftragten, wenn sie der Ansicht ist, dass die Verarbeitung der sie betreffenden personenbezogenen Daten gegen Vorschriften des KDG oder gegen andere Datenschutzvorschriften verstößt (§ 48 KDG).

Durch § 36 KDG hat die Pflicht zur Bestellung eines betrieblichen Datenschutzbeauftragten eine erhebliche Ausweitung erfahren. So muss nach aktuellem Recht unter anderem auch jede Pfarrei einen betrieblichen Datenschutzbeauftragten (bDSB) bestellen. Dem bzw. der Verantwortlichen steht es – wie bisher schon – frei, eine Arbeitnehmerin oder einen Arbeitnehmer zum betrieblichen Datenschutzbeauftragten zu bestellen; die Position kann auch extern besetzt werden.

Ob auch die MAV als „datenschutzrechtlich Verantwortliche“ verpflichtet ist, einen Datenschutzbeauftragten zu bestellen, ist strittig, dürfte aber wohl zu verneinen sein.

Vgl. ZMV 1/2024, S. 10 ff.; 3/2022, S. 126 ff.; 2/2020, S. 68 ff., S. 72 ff.; 1/2020, S. 10 ff

Vgl. insgesamt Ullrich, Beschäftigtendatenschutz der katholischen Kirche, 2022, KETTELER-Verlag, zur Beteiligung der MAV bei Bestellung eines Datenschutzbeauftragten ZMV 2/2025, 67

Direktionsrecht

Das Direktionsrecht (Weisungsrecht) aus § 106 GewO gibt dem Arbeitgeber das grundsätzliche Recht, Inhalt, Ort und Zeit der Arbeitsleistung zu bestimmen. Die Bestimmung muss den Arbeitnehmerschutzbestimmungen sowie billigem Ermessen entsprechen und daher objektiv zumutbar sein. Das Direktionsrecht ist durch die im Arbeitsvertrag verabredete Tätigkeit und Eingruppierung begrenzt. Eine weitere Begrenzung erfährt es durch Mitbestimmungsrechte der MAV. Bei allgemeiner Bezeichnung des Einsatzbereichs im Arbeitsvertrag (nur Entgelt- bzw. Vergütungs- und keine Fallgruppen-Angabe) ist jederzeit eine andere gleichwertige Verwendung des Arbeitnehmers / der Arbeitnehmerin im Betrieb möglich. Arbeitsvertragsbestandteile können hingegen nur durch Änderungskündigung geändert werden. Das Direktionsrecht wird mit Blick auf die Arbeitszeit zum Beispiel durch die Gestaltung von Dienstplänen ausgeübt.

Dritter Weg

Die katholische Kirche sowie ihre Caritas haben für sich und ihre Einrichtungen ein eigenes System zur Aushandlung von Arbeitsvertragsbedingungen geschaffen, da die katholische Kirche auch in ihrer Grundordnung des kirchlichen Dienstes im Rahmen kirchlicher Arbeitsverhältnisse – GrO – (siehe Stichwort „Grundordnung", S. 58) davon ausgeht, dass weltliche Instrumentarien zur Regelung der Arbeitsvertragsbedingungen (Tarifvertrag, Streik und Aussperrung) mit dem Leitbild der christlichen Dienstgemeinschaft unvereinbar sind. Dieses System der Arbeitsrechtssetzung ist der sog. Dritte Weg. Danach werden die Arbeitsbedingungen nicht durch Tarifverträge (Zweiter Weg) oder individuell mit dem Arbeitgeber (Erster Weg), sondern durch paritätisch besetzte arbeitsrechtliche Kommissionen festgelegt. Die Grundlagen des Dritten Wegs sind

- das partnerschaftliche Miteinander von Arbeitnehmern und von Arbeitgebern,
- die gleichberechtigte und gleichgewichtige Interessenvertretung in den arbeitsrechtlichen Kommissionen,
- die faire Konfliktlösung ohne Arbeitskampf und
- das Prinzip der Lohngerechtigkeit.

So werden die Arbeitsvertragsbedingungen im Bereich der Caritas in deren AVR festgelegt. Diese werden von den Arbeitsrechtlichen Kommissionen ausgehandelt (siehe Stichwort „Arbeitsvertragsrichtlinien" S. 25 f.). Die Bayerischen (Erz-)Diözesen wenden das „ABD" an und in weiteren Diözesen gibt es Kirchliche Arbeitsvertragsordnungen (KAVO); diese werden ebenfalls durch eigene paritätisch besetzte Kommissionen („KODAen") ausgehandelt.

Zum Begriff der Dienstgemeinschaft siehe ZMV 1/2026

Eingruppierung

Die Zuordnung der auszuübenden Tätigkeit – also der Tätigkeit laut Arbeitsvertrag – zu einer entsprechenden Vergütungs-/Lohn- oder Entgeltgruppe und deren Fallgruppen bezeichnet man als Eingruppierung.

Die Eingruppierung richtet sich nach den Tätigkeitsmerkmalen der jeweiligen Vergütungsordnung, dem jeweiligen Lohngruppenverzeichnis oder der jeweiligen Entgeltordnung. Für die Arbeitsverhältnisse im öffentlichen Dienst sowie im Dienst von Kirche und Caritas gilt die „Tarifautomatik" (vgl. §§ 12 Abs. 1 TVöD/Bund, TV-L). Danach ist der/die Mitarbeiter/in allein durch die ihm/ihr übertragene Tätigkeit eingruppiert.

Die Eingruppierung ist daher kein gestaltender Rechtsakt des Arbeitgebers, und auch die Angabe der Vergütungsgruppe im Arbeitsvertrag hat – von übertariflichen Eingruppierungen abgesehen – lediglich feststellenden Charakter.

Bei der Eingruppierung hat die MAV ein Zustimmungsrecht nach § 35 Abs. 1 Nr. 1 MAVO.

Vgl. ZMV 6/2016, S. 1; 5/2016, S. 253; 4/2016, S. 191; 5/2014, S. 269, 2/2012, S. 62; 1/2012, S. 9; 5/2011, S. 260

Siehe auch Checkliste „Eingruppierung/Höhergruppierung/Rückgruppierung", in „Checklisten 2022", S. 14 ff.

Einigungsstelle

Siehe „Rechtsschutz/Kirchliche Arbeitsgerichtsbarkeit", S. 90 ff.

Elterngeld

Das Elterngeld soll alle Eltern erreichen, die zugunsten der Betreuung ihres neugeborenen Kindes auf Einkommen verzichten. Es wird dem jeweiligen Elternteil für maximal 14 Monate gezahlt; beide können sich diesen Zeitraum frei untereinander aufteilen. Ein Elternteil kann mindestens für zwei und höchstens für zwölf Monate Elterngeld in Anspruch nehmen, zwei weitere Monate sind als Option für den Partner / die Partnerin reserviert (§ 4 BEEG, „Vaterzeit"). Die Mindestbezugsdauer für das Elterngeld beträgt zwei Monate. Ersetzt werden regelmäßig 67 % (wenn das durchschnittlich erzielte monatliche Einkommen aus Erwerbstätigkeit vor der Geburt höher als 1.200,– € war, sinkt dieser Prozentsatz stufenweise auf maximal 65 %) des wegfallenden „bereinigten" Netto-Einkommens, maximal 1.800,– € im Monat (bei Elterngeld Monatsnetto von 2.770,– €). Das Mindestelterngeld beträgt 300,– € im Monat (§ 2 Abs. 4 BEEG). Wird während der Elternzeit eine Teilzeittätigkeit ausgeübt, kann das Elterngeld für bis zu 24 Monate bezogen werden, wobei in dieser verlängerten Form lediglich die Hälfte des Elterngelds gezahlt wird (Elterngeld Plus). Arbeiten beide Elternteile parallel für mindestens vier aufeinanderfolgende Monate Teilzeit mit 24 bis 32 Wochenstunden, können sie einen „Partnerschaftsbonus" beanspruchen, der vier zusätzliche Monate Elterngeld Plus beträgt.

Vgl. „Elternzeit", S. 50 ff.; ZMV 4/2021, S. 201; 6/2014, S. 329; 2/2014, S. 97; 2/2009, S. 98.; 1/2007, S. 2.; 4/2006, S. 193

Elternzeit

Die §§ 15 ff. Bundeselterngeld- und Elternzeitgesetz (BEEG) ermöglichen es Personen, die die Betreuung und Erziehung eines Kindes in den ersten Lebensjahren selbst übernehmen möchten, ohne Verlust des Arbeitsplatzes eine Arbeitspause einzulegen oder die Arbeitszeit zu reduzieren. Das Elterngeld (vgl. voranstehend) trägt hierbei zur wirtschaftlichen Existenz bei. Beschäftigte haben das Recht, von ihrem Arbeitgeber Elternzeit zu verlangen, wenn sie ihre Kinder bzw. Enkelkinder selbst betreuen und erziehen (sog. „Großelternzeit", vgl. § 15 Abs. 1a BEEG, s.u.).

Elternzeit von bis zu 24 Monaten, die bis zur Vollendung des dritten Lebensjahres des Kindes nicht in Anspruch genommen wird, kann für einen Zeitraum zwischen dem dritten und dem achten Lebensjahr des Kindes hinausgeschoben werden. Dies bedarf nicht der Zustimmung des Arbeitgebers. Jedes Elternteil darf die Elternzeit auf höchstens drei Abschnitte verteilen, wobei der Arbeitgeber den dritten Zeitabschnitt aus dringenden betrieblichen Gründen ablehnen darf.

Die Mutterschutzfrist wird angerechnet. Ein Anteil von bis zu zwölf Monaten ist mit Zustimmung des Arbeitgebers auf die Zeit bis zur Vollendung des achten Lebensjahres des Kindes übertragbar. Elternzeit kann, auch anteilig, von jedem Elternteil allein oder von beiden Elternteilen gemeinsam genommen werden.

Wird Elternzeit getrennt abwechselnd oder nacheinander genommen, bleibt es bei der Begrenzung der maximalen Elternzeit für jedes Kind und nicht etwa für den jeweiligen Elternteil.
Elternzeit führt zum Ruhen des Arbeitsverhältnisses, sofern nicht während der Elternzeit ein „elterngeldunschädliches Teilzeitarbeitsverhältnis" besteht (siehe nachfolgende Ausführungen zur Elternteilzeit).
Während der Elternzeit besteht Sonderkündigungsschutz (Ausschluss der ordentlichen Kündigung, § 18 BEEG, Kündigungsschutz im Zeitraum vom Antrag bis zum Beginn der Elternzeit):

- Elternzeit bis zur Vollendung des 3. Lebensjahres:
  - frühestens 8 Wochen vor Beginn der Elternzeit sowie
- Elternzeit zwischen dem 3. Geburtstag und vollendetem 8. Lebensjahr:
  - frühestens 14 Wochen vor Beginn der Elternzeit.

Der/die Arbeitnehmer/in muss die Elternzeit spätestens sieben Wochen vor ihrem Beginn beim Arbeitgeber beantragen und gleichzeitig verbindlich erklären, für welche Zeiten innerhalb von zwei Jahren die Elternzeit genommen werden soll (§ 16 Abs. 1 BEEG). Für den Zeitraum zwischen drittem Geburtstag und dem vollendetem achten Lebensjahr des Kindes beträgt die Anmeldefrist 13 Wochen.

▪ Elternteilzeit

Die Elternzeitberechtigten (i.d.R. Vater und Mutter) können während der Elternzeit jeweils bis zu 32 Wochenstunden im Durchschnitt eines Monats entweder

- bei ihrem bisherigen Arbeitgeber

- bei einem anderen Arbeitgeber
- oder als Selbstständige

berufstätig sein.

Sind beide Elternteile in Elternzeit, haben beide das Recht, in Teilzeit tätig zu sein, auch wenn sie bei demselben Arbeitgeber beschäftigt sind. Die Teilzeittätigkeit bei einem anderen Arbeitgeber oder als Selbstständiger während der Elternzeit bedarf grundsätzlich der Zustimmung des Arbeitgebers. Sie darf nur innerhalb von vier Wochen aus dringenden betrieblichen Gründen abgelehnt werden.

▪ Großelternzeit

Großeltern haben Anspruch auf Elternzeit, wenn das Enkelkind mit ihnen im Haushalt lebt, sie es betreuen und wenn ein Elternteil minderjährig ist oder die Ausbildung vor Vollendung des 18. Lebensjahres begonnen wurde und die Arbeitskraft des Elternteils durch die Ausbildung im Allgemeinen voll in Anspruch genommen wird. Die Großeltern erhalten keinen finanziellen Ausgleich für ihren Verdienstausfall.

Vgl. auch Stichwort „Elterngeld“ (S. 49 f.); ZMV 4/2021, S. 201; 5/2015, S. 243; 4/2015, S. 211; 1/2015, S. 27; 6/2014, S. 329; 2/2014, S. 97; 5/2013, S. 290; 1/2013, S. 32; 2/2009, S. 98; 3/2007, S. 109; 1/2007, S. 2; 2/2004, S. 58

Entgeltfortzahlung

siehe „Arbeitsunfähigkeit“, S. 17 ff.

Entgeltumwandlung

Als Entgeltumwandlung wird der Verzicht von Beschäftigten auf einen bestimmten Betrag ihrer Bezü-

ge zum Aufbau einer freiwilligen Säule der betrieblichen Altersversorgung bezeichnet, der eine Senkung der Steuern und der Sozialversicherungsbeiträge bewirkt und somit vom Staat gefördert wird.
Der/die Arbeitnehmer/in kann von seinem/ihrem Arbeitgeber verlangen, dass von seinen/ihren künftigen Entgeltansprüchen bis zu 4 % der jeweiligen Beitragsbemessungsgrenze in der Rentenversicherung (2026: 4.056,– € im Jahr) durch Entgeltumwandlung für seine/ihre betriebliche Altersversorgung verwendet werden (§ 1a Abs. 1 BetrAVG).
Entgeltumwandlung ist unter anderem bei den kirchlichen Zusatzversorgungskassen sowie den Zusatzversorgungseinrichtungen des öffentlichen Dienstes möglich.
In allen kirchlichen Arbeitsvertragsordnungen bestehen Entgeltumwandlungsregelungen mit unterschiedlichen Detailvorschriften. Für den katholischen Bereich (inkl. Caritas) besteht Anspruch auf Entgeltumwandlung bei der Kasse, bei der auch die zusätzliche betriebliche Altersversorgung durchgeführt wird (meist KZVK). Macht der/die Mitarbeiter/in im Dienst der katholischen Kirche oder Caritas von der Entgeltumwandlung Gebrauch und ist er oder sie in der gesetzlichen Krankenversicherung pflichtversichert, zahlt der Dienstgeber einen monatlichen Zuschuss in Höhe von 15 % des umgewandelten Betrags.
Auch nach § 1a Abs. 1a Betriebsrentengesetz (BetrAVG) ist der Arbeitgeber verpflichtet, einen Zuschuss von mindestens 15 % des umgewandelten Betrags zu zahlen, wenn er durch die Umwandlung Sozialversiche-

rungsbeiträge einspart. Für vor 2019 abgeschlossene Verträge gilt diese Pflicht mit Übergangsfrist seit 2022 und soll sicherstellen, dass Arbeitgeber einen Teil ihrer Sozialversicherungsersparnis an die Arbeitnehmer weitergeben, was die betriebliche Altersvorsorge attraktiver macht.

Aktuelle Informationen erhalten Sie u.a. unter www.kzvk.de und www.vbl.de. Siehe auch ZMV 3/2014, S. 145.

Zur Entgeltumwandlung im kirchlichen Bereich siehe ZMV 6/2017, S. 302.

Neben der Entgeltumwandlung ist auch eine zusätzliche Altersvorsorge mit einem „Riester-Produkt" („Riester-Rente") aus dem Nettoentgelt möglich.

■ Jobrad

Auch die Zurverfügungstellung eines Jobrads kann im Rahmen einer Entgeltumwandlung vorgenommen werden, entscheidet sich der/die Arbeitnehmer/in, einen Teil des vertraglich vereinbarten Arbeitsentgelts nicht in bar, sondern als Sachbezug für den Zeitraum der Überlassung eines Leasinggegenstands (Jobrad) zu erhalten. Dies bedeutet, dass der Arbeitgeber einen Teil des monatlichen Gehalts in Höhe der Leasingrate einbehält. Dieser Barlohn wird wiederum in sog. Sachlohn umgewandelt, also die Überlassung eines Fahrrads oder eines E-Bikes. Durch die Umwandlung entsteht ein steuerlicher Vorteil, aber ein Nachteil in der späteren Rente. Dennoch müssen die Arbeitnehmer/innen sich genau berechnen lassen, ob ein derartiges Modell für sie monetär wirklich einen Vorteil bedeutet.

Zum Jobrad im kirchl. Bereich siehe ZMV 2/2023, S. 66 ff.

Erholungsurlaub

Unabhängig vom Lebensalter beträgt der Urlaubsanspruch nach TVöD und TV-L bei der Verteilung der wöchentlichen Arbeitszeit auf fünf Arbeitstage in der Kalenderwoche in jedem Kalenderjahr 30 Arbeitstage. Gleiches gilt nach den AVR Caritas, sowie dem ABD bzw. der KAVO.

Bei weniger als fünf Arbeitstagen in der Woche wird der Gesamturlaubsanspruch anteilig gekürzt. Für Mitarbeiter/innen, die durch Wechselschicht-, Schicht- oder Nachtarbeit besonders belastet sind, besteht ein Anspruch auf Zusatzurlaub von bis zu vier Arbeitstagen (§§ 27 TVöD/TV-L, Anl. 14 AVR Caritas). Zusätzlich zum Erholungsurlaub haben schwerbehinderte Mitarbeiter/innen nach § 208 SGB IX Anspruch auf Zusatzurlaub von fünf Arbeitstagen.

Vgl. ZMV 6/2012, S. 323

Geringfügige Beschäftigung

Geringfügige Beschäftigungsverhältnisse hat der Gesetzgeber in § 8 SGB IV geregelt. Er unterscheidet hier zwischen geringfügig entlohnten Beschäftigungsverhältnissen (sog. Minijobs; § 8 Abs. 1 Nr. 1 SGB IV) und kurzfristigen Beschäftigungen (Aushilfsbeschäftigungen; § 8 Abs. 1 Nr. 2 SGB IV).

▪ Minijobs mit bis zu 603,– €

Bei geringfügig entlohnten Beschäftigungsverhältnissen handelt es sich grundsätzlich um Teilzeitarbeitsverhältnisse mit allen gesetzlich vorgeschriebenen Rechten und Pflichten. Besonderheiten sind im Lohnsteuer- sowie im Sozialversicherungsrecht je nach Art des jeweiligen Beschäftigungsverhältnisses zu beachten.

Ein Minijob liegt nach § 8 Abs. 1 Nr. 1 SGB IV vor, wenn das Arbeitsentgelt regelmäßig im Monat 603,– € nicht überschreitet (ab 1.1.2026 wurde die Geringfügigkeitsgrenze von 556,– € auf 603,– € angehoben, dies auch zur Anpassung der Erhöhung des Mindestlohns, s.u.). Die wöchentliche Arbeitszeit und die Anzahl der Arbeitseinsätze sind dabei unerheblich. Eine geringfügig entlohnte Beschäftigung ist versicherungsfrei in der Arbeitslosen-, Kranken- und Pflegeversicherung. Auch geringfügig entlohnten Beschäftigten ist der gesetzliche Mindestlohn (ab 1.1.2026: 13,90 €) je Stunde zu zahlen.

In der Rentenversicherung besteht grundsätzlich Versicherungspflicht, wobei den Beschäftigten jedoch ein Befreiungsrecht eingeräumt wird („Opt-out“). Mit der Versicherungspflicht soll die soziale (rentenrechtliche) Absicherung der Beschäftigten erreicht werden.

Ohne Befreiung von der Versicherungspflicht in der Rentenversicherung ergibt sich für die Beitragszahlung bei den Minijobs auch für 2026 Folgendes:

- Krankenversicherung:
  - pauschal 13 % durch den Arbeitgeber
- Rentenversicherung:
  - pauschal 15 % durch den Arbeitgeber,
  - pauschal 3,6 % durch den/die Arbeitnehmer/in.

Mit 18,6 % (15 % Arbeitgeber, 3,6 % Arbeitnehmer/in) werden – wie bei einem „normalen“ Teilzeitbeschäftigten – volle Beiträge an die Rentenversicherung abgeführt. Die Vorteile der Versicherungspflicht für den/die Arbeitnehmer/in ergeben sich aus dem Erwerb von

Pflichtbeitragszeiten in der Rentenversicherung. Das bedeutet, dass die Beschäftigungszeit in vollem Umfang für die Erfüllung der verschiedenen Wartezeiten (Mindestversicherungszeiten) berücksichtigt wird.

▪ Aushilfsjobs – Dauer von max. 3 Monaten

Eine kurzfristige Beschäftigung (sog. Aushilfsjob von max. zwei bzw. drei Monaten) liegt vor, wenn die Beschäftigung von vorneherein auf längstens drei Monate oder 70 Arbeitstage innerhalb eines Kalenderjahres begrenzt ist, und nicht berufsmäßig ausgeübt wird.

Keine Berufsmäßigkeit (weil von untergeordneter wirtschaftlicher Bedeutung) liegt in folgenden Fällen vor:

- zwischen Abitur und Studium bzw. Fachschule,
- neben einer versicherungspflichtigen (Haupt-)Beschäftigung,
- neben einem freiwilligen sozialen oder ökologischen Jahr, dem Bundesfreiwilligendienst oder einem vergleichbaren Freiwilligendienst,
- bei Hausfrauen, Schülern und Studenten,
- bei Rentnern, die neben dem Bezug einer Altersvollrente eine Aushilfstätigkeit ausüben.

Die Bezüge aus einer kurzfristigen Beschäftigung sind – gleichgültig, wie hoch sie sind – versicherungsfrei in der Kranken-, Pflege-, Renten- und Arbeitslosenversicherung. Der Arbeitgeber muss – anders als bei einem Minijob – keine Pauschalbeiträge zur Kranken- und Rentenversicherung an die Minijob-Zentrale entrichten. Auch hier sind vom Arbeitgeber Besonderheiten im Lohnsteuerrecht zu berücksichtigen.

Vgl. ZMV 5/2013, S. 265; 1/2013, S. 27; 2/2008, S. 72; 2/2003, S. 53

Grund-/Tabellenentgelt/Grundvergütung

Das Grund-/Tabellenentgelt bzw. die Grundvergütung (§ 15 TVöD, Anl. 1 AVR Caritas) wird durch weitere Leistungen wie z.B. Zeitzuschläge, Zulagen, Kinderzulagen und Jahressonderzahlungen ergänzt. Bereits durch den Umfang der Regelungen über das Grundentgelt wird deren Kompliziertheit deutlich.

Tabellenentgelt wird nach Entgelttabellen gewährt, die in der Vertikalen nach Entgeltgruppen, in der Horizontalen nach Erfahrungsstufen (Grundentgeltstufen 1 und 2, Entwicklungsstufen 3 bis 6) unterteilt sind. Der TVöD sowie der TV-L enthalten ein Vergütungssystem, das auf die Berufserfahrung abstellt. Bis auf wenige Ausnahmen sind in jeder Entgeltgruppe sechs Stufen vorgesehen, in denen die Mitarbeiter/innen – abhängig von der Beschäftigungsdauer – aufsteigen. Nach einem Jahr in Stufe 1 erfolgt der Aufstieg in die zweite Stufe, nach zwei Jahren in Stufe 2 in die dritte, nach drei Jahren in Stufe 3 in die vierte sowie nach vier Jahren in Stufe 4 in die fünfte. Die sechste Stufe wird nach fünfjähriger Beschäftigungsdauer in Stufe 5 erreicht.

Grundordnung

siehe „Loyalitätspflichten“, S. 68 ff.

Hinweisgeberschutz

Hinweisgeber/innen („Whistleblower“) leisten einen sehr wichtigen Beitrag zur Aufdeckung und Ahndung von Missständen. Das am 2. Juli 2023 in Kraft getretene Hinweisgeberschutzgesetz dient dazu, Benachteiligungen auszuschließen und Whistleblowern Rechtssicherheit zu geben. Somit können Whistleblower vor dienst- und arbeitsrechtlichen Repressalien geschützt werden. Arbeitgeber, auch Dienstgeber bei Kirche, Caritas und Diakonie, sind danach verpflichtet, interne oder externe Meldestellen einzurichten, sofern in der jeweiligen Einrichtung mehr als 49 Arbeitnehmer/innen beschäftigt werden.

Vgl. ZMV 5/2023, S. 245 ff.; 3/2023, S. 125 ff.

Höherwertige Tätigkeit

Wird dem/der Mitarbeiter/in auf Dauer eine höherwertige Tätigkeit übertragen, führt dies zu einer Höhergruppierung, wenn die neuen Aufgaben den Tätigkeitsmerkmalen einer höheren Entgeltgruppe entsprechen (Tarifautomatik). Die Höhergruppierung unterliegt der eingeschränkten Zustimmung nach § 35 Abs. 1 Nr. 2 MAVO.

Erfolgt die Übertragung höherwertiger Tätigkeiten dagegen nur vorübergehend, ist eine persönliche Zulage zu zahlen (§§ 14 TVöD/TV-L, Anl. 1 Abschn. Ib AVR Caritas, § 22 KAVO NW), wenn die in den genannten Vorschriften enthaltenen Fristen überschritten werden. Hierbei müssen sämtliche Tätigkeiten eines Arbeitsplatzes auf die betreffende Person übergehen. Die Anordnung zur Ausübung einer vorübergehenden höherwertigen Tätigkeit liegt im Direktionsrecht des Arbeitsgebers.

Die Übertragung einer höherwertigen Tätigkeit von mehr als drei Monaten Dauer unterliegt der Zustimmung nach § 35 Abs. 1 Nr. 4 MAVO (nicht nur vorübergehende Übertragung einer höher oder niedriger zu bewertenden Tätigkeit).

Zur stufengleichen Höhergruppierung ZMV 5/2014, S. 269

Homeoffice

Homeoffice- bzw. „Telearbeit" als Teil der sog. Arbeit 4.0 beschreibt die berufliche Tätigkeit, die ganz oder teilweise von zuhause erfolgt. Dieses Arbeitsmodell ist keineswegs neu, jedoch sind gerade in Zeiten von Corona verstärkt Rufe nach diesem Modell der Arbeit laut geworden. Rein rechtlich gibt es für den/die Arbeitnehmer/in – mit Ausnahme der vergangenen Sonderverordnungen zur Eindämmung der Corona-Pandemie – aktuell keinen grundsätzlichen Rechtsanspruch, seine/ihre Tätigkeit von zuhause aus zu erledigen; andererseits darf aber auch der Dienstgeber (etwa im Rahmen des Direktionsrechts nach § 106 GewO, S. 46) den/die Dienstnehmer/in nicht zum Homeoffice zwingen. Allerdings ist es möglich, dass zwischen MAV und Dienstgeber in Dienstvereinbarungen geregelt wird, wer ins Homeoffice darf und welche Ausstattung zur Verfügung zu stellen ist. Arbeitnehmer/innen, die im Homeoffice arbeiten, können steuerlich eine Pauschale für den heimischen Arbeitsplatz (Homeoffice-Pauschale) geltend machen. An den Tagen, an welchen sie diese Pauschale nutzen, entfällt die anrechenbare km-Leistung zum Arbeitsplatz. Ein separates, steuerlich anerkanntes Arbeitszimmer muss hierbei aber nicht zur Verfügung stehen.

Vgl. ZMV 6/2020, S. 310; 333; 2/2021, S. 71; 3/2021, S. 124

Initiativrecht

Beim Initiativrecht (§§ 32, 37 MAVO) geht – im Gegensatz zu den Mitbestimmungs-, Zustimmungs- oder Mitberatungsrechten – die Initiative nicht vom Dienstgeber aus, der eine konkrete Maßnahme beabsichtigt, sondern von der MAV, die eine Maßnahme vorschlägt bzw. beantragt.

Die MAVO begrenzt die Initiativrechte in den Fällen der Anhörung und Mitberatung auf den abschließenden Katalog des § 32 Abs. 1 MAVO; die Antragsrechte gemäß § 37 Abs. 1 MAVO stimmen mit dem Zustimmungskatalog des § 36 Abs. 1 MAVO überein. Der Dienstgeber kann einen Vorschlag der MAV nicht einfach ablehnen, sondern muss diesen zunächst mit ihr erörtern. Will er dem Vorschlag auch nach der Erörterung nicht entsprechen, hat er der MAV die Ablehnung mit Begründung schriftlich mitzuteilen. Kommt der Dienstgeber seinen Pflichten nicht nach, kann die MAV die Einigungsstelle bzw. das kirchliche Arbeitsgericht anrufen.

Jahressonderzahlung

Gemäß §§ 20 TVöD-Bund/TV-L bemisst sich die Jahressonderzahlung nach Prozentsätzen aus dem in den Kalendermonaten Juli, August und September durchschnittlich gezahlten monatlichen Entgelt.

- **TVöD-Bund**
  - 90 % für die Entgeltgruppen 1 bis 8,
  - 80 % für die Entgeltgruppen 9 bis 12
  - 60 % für die Entgeltgruppen 13 bis 15
- **TV-L**
  - 87,43 % für die Entgeltgruppen 1 bis 4
  - 88,14 % für die Entgeltgruppen 5 bis 8
  - 74,3 % für die Entgeltgruppen 9 bis 11
  - 46,47 % für die Entgeltgruppen 12 bis 13
  - 32,53 % für die Entgeltgruppen 14 bis 15

Auch im Bereich des TVöD-VKA fallen die Jahressonderzahlungen geringer aus als im Bereich des Bundes.

Die AVR Caritas differenzieren die Jahressonderzahlung folgendermaßen:
Mitarbeiter/innen, deren Arbeitsverhältnis von der Anlage 30, 31, 32 oder 33 erfasst wird (die also dem Bereich Ärzte, Pflege oder Sozial- und Erziehungsdienst angehören), erhalten eine Jahressonderzahlung (entsprechend den kommunalen TVöD-Regelungen). Weitere Mitarbeiter/innen (das sind vor allem die in Verwaltung, Hauswirtschaft und Technik) erhalten weiterhin Urlaubsgeld und eine Weihnachtszuwendung (Besserstellung gegenüber der Jahressonderzahlung). Zu beachten ist ferner, dass die Anlagen 30 bis 33 zudem Leistungs- und Sozialkomponenten vorsehen.

Vgl. ZMV 3/2013, S. 152.

Jobrad

siehe „Entgeltumwandlung“, S. 52 ff.

Kindergeldbeträge

Nicht nur Freibeträge für Kinder (ab 2026: 6.828,– €), sondern auch das Kindergeld sind im Steuerrecht geregelt (in Ausnahmefällen im Bundeskindergeldgesetz).

Das Kindergeld wurde zum 1. Januar 2026 erhöht und beträgt gemäß § 66 EStG einheitlich monatlich 259,– € pro Kind.

Bei nicht verheirateten, getrennt lebenden oder geschiedenen Eltern wird das Kindergeld dem Elternteil gewährt, der das Kind in seinen Haushalt aufgenommen hat (§ 64 Abs. 2 EStG). Das Kindergeld wird von den Familienkassen der Agenturen für Arbeit ausgezahlt. Der Familienkasse muss die Steueridentifikationsnummer und die Identifikationsnummer des Kindes übermittelt werden – sonst erfolgt keine Auszahlung. Benötigt wird zudem die Identifikationsnummer des Elternteils, der den Kindergeldantrag stellt oder bereits das Kindergeld bezieht. So soll vermieden werden, dass es zu Doppelzahlungen kommt.

Kinderzulage

Im öffentlichen Dienst sehen die Entgeltsysteme des TVöD und des TV-L keine kinderbezogenen Leistungen mehr vor. Lediglich für die am Stichtag des Inkrafttretens der Tarifwerke TVöD (1.10.2005) und TV-L (1.11.2006) vorhandenen Kinder werden die früheren Zulagen weitergewährt („Besitzstandskinder").

▪ AVR Caritas

Nach Anlage 1 Abschnitt V AVR Caritas wird im Bereich der Regionalkommissionen Nord, NRW, Mitte und Bayern eine Kinderzulage bei Anspruch auf Kindergeld gezahlt. Für Mitarbeiter/innen, deren Dienstverhältnis nach dem 30.6.2008 begonnen hat, beträgt diese Kinderzulage pro Kind 90,– €. Für Mitarbeiter/innen, deren Dienstverhältnis vor dem 1.7.2008 begonnen hat, besteht eine Besitzstandsregelung ähnlich wie im öffentlichen Dienst; diese – dynamisch ausgestattete – Zulage beträgt pro Kind ab dem 1.2.2026 monatlich 151,52 €. Dieser Betrag wird in den unteren Vergütungsgruppen (12 bis 8) noch um sogenannte Erhöhungsbeträge aufgestockt. Es handelt sich hier je nach Anzahl der Kinder und Vergütungsgruppe um

Beträge zwischen 8,56 € und 42,80 € – je nach Zeitraum und Regionalkommission. Mitarbeiter/innen, deren Arbeitsverhältnis sich nach den Anlagen

- 30 (Ärzte/innen),
- 31 (Pflegedienst in Krankenhäusern),
- 32 (Pflegedienst in sonstigen Einrichtungen) und
- 33 (Sozial- und Erziehungsdienst)

zu den AVR Caritas richtet, erhalten keine Kinderzulage; dies ist in den jeweiligen Geltungsbereichen ausdrücklich ausgeschlossen. Die arbeitsrechtlichen Kommissionen einer Reihe von Diözesen haben beschlossen, dass weiterhin Kinderkomponenten gewährt werden, die in der Höhe unterschiedlich sind.

- ABD etc.

Im Arbeitsvertragsrecht der bayerischen Diözesen (ABD) erhalten die Beschäftigten nach Teil D 8. § 3 für jedes Kind, für das ihnen Kindergeld tatsächlich gezahlt wird, eine ergänzende Leistung für Kinder seit 1. Februar 2025 in Höhe von 40,15 € monatlich.

Krankheitsfall

siehe „Arbeitsunfähigkeit (krankheitsbedingt)“, S. 17 ff.

Kündigung

Kündigung ist die

- einseitige,
- empfangsbedürftige,
- rechtsgestaltende und
- bedingungsfeindliche

Willenserklärung, durch die ein Arbeitsverhältnis mit Wirkung für die Zukunft gelöst werden soll.

Die ordentliche und die außerordentliche Kündigung stellen die Hauptformen dar (Einzelheiten zur Außerordentlichen Kündigung, S. 31 ff., zur Ordentlichen Kündigung, S. 82 ff.).

Jede Kündigung bedarf zwingend der Schriftform (§ 623 BGB). Nach § 126 Abs. 1 BGB ist die gesetzliche Schriftform des § 623 BGB nur dann erfüllt, wenn das Kündigungsschreiben vom Aussteller / von der Ausstellerin eigenhändig durch Namensunterschrift unterzeichnet worden ist. Die Kündigungserklärung muss dem/der Empfänger/in in der mit Originalunterschrift versehenen Version zugehen. Die bloße Kopie der Kündigungserklärung reicht daher ebenso wenig aus wie zum Beispiel eine E-Mail.

Die Kündigung durch den Arbeitgeber stellt stets die letztmögliche Maßnahme dar; zuvor müssen alle Möglichkeiten einer Weiterbeschäftigung geprüft werden.

Bei der ordentlichen Kündigung muss die Kündigungsfrist eingehalten werden (§§ 622 BGB, 14 Abs. 2 AVR Caritas, 34 TVöD, 41 KAVO NW).

Die MAVO sieht bei der ordentlichen Kündigung in § 30 und bei der außerordentlichen Kündigung in § 31 ein besonderes Anhörungsverfahren vor. Dies gilt auch bei Kündigungen während der Probezeit.

Siehe hierzu insbesondere ZMV 3/2023, 133 ff. sowie 5/2023, S. 254 ff., zur MAV Beteiligung ZMV 2/2024, S. 67

Kündigungsfristen

Als Kündigungsfristen werden die Zeiträume bezeichnet, die mindestens zwischen dem Zugang der Kündigungserklärung und der Beendigung des Arbeitsverhältnisses liegen müssen. Die Kündigungsfristen sind in der Tabelle auf der nächsten Seite zusammengestellt. Abweichende Regelungen ergeben sich bei befristeten Arbeitsverhältnissen.

Vgl. hierzu z.B. § 30 Abs. 5 TVöD; s. Grafik S. 67

Kündigungsschutzklage

Will ein/e Arbeitnehmer/in geltend machen, dass eine Kündigung sozial ungerechtfertigt ist, muss er/sie innerhalb von drei Wochen nach Zugang der Kündigung Klage beim Arbeitsgericht auf Feststellung erheben, dass das Arbeitsverhältnis durch die Kündigung nicht aufgelöst ist (§ 4 KSchG).

Kurzarbeit

Kurzarbeit (§§ 95 ff. SGB III) ist ein arbeitsmarktpolitisches Instrument zum Schutz von Mitarbeitenden vor durch wirtschaftliche Schwierigkeiten (des Arbeitgebers) bedingter Arbeitslosigkeit. Bei ihr ruhen die Hauptleistungsverpflichtungen aus dem Arbeitsverhältnis – Arbeitsleistung und Vergütung – teilweise oder vollständig. Die entgangene Vergütung wird durch das Kurzarbeitergeld der Agentur für Arbeit teilweise ausgeglichen. Das Arbeitsverhältnis bleibt bestehen und wird nach dem Ende der Kurzarbeit mit den vorher geltenden Regelungen unverändert fortgeführt. Die Höchstbezugsdauer wurde für 2026 (von 12 Monaten) erneut auf bis zu 24 Monate heraufgesetzt (befristet bis 31.12.2026). Grundsätzlich beträgt die Höhe des Kurzarbeitergeldes 60 % der Nettoentgeltdifferenz des Monats, in dem Kurzarbeit

Kündigungsfristen (§ 34 TVöD)		
Beschäftigungszeit	Frist	Kündigung zum
bis zum Ende des 6. Monats seit Beginn des Arbeitsverhältnisses	2 Wochen	Monatsschluss
bis zu 1 Jahr	1 Monat	Monatsschluss
mehr als 1 Jahr	6 Wochen	Schluss eines Kalendervierteljahres
mindestens 5 Jahre	3 Monate	Schluss eines Kalendervierteljahres
mindestens 8 Jahre	4 Monate	Schluss eines Kalendervierteljahres
mindestens 10 Jahre	5 Monate	Schluss eines Kalendervierteljahres
mindestens 12 Jahre	6 Monate	Schluss eines Kalendervierteljahres
Abweichung in den AVR Caritas (§ 14 Abs. 2):		
für die ersten 12 Monate	1 Monat	Monatsschluss

geleistet wurde. Der Satz erhöht sich auf 67 %, wenn auf der Lohnsteuerkarte des/der Beschäftigten mindestens ein Kinderfreibetrag von 0,5 eingetragen ist.

Die AVR Caritas (vgl. § 5d Anl. 5) sehen Aufstockungsbeträge zum Kurzarbeitergeld vor.

Bei der Einführung von Kurzarbeit steht der MAV nach dem im Zuge der Corona-Pandemie eingeführten § 36 Abs. 1 Nr. 14 MAVO ein Zustimmungsrecht zu.

Vgl. ZMV 1/2022, S. 28; 3/2020, S. 118

Leiharbeit

siehe „Arbeitnehmerüberlassung", S. 15 f.

Loyalitätspflichten

Loyalitätspflichten sind arbeitsvertragliche Nebenpflichten. Mitarbeiter/innen müssen sich gegenüber dem Arbeitgeber grundsätzlich loyal verhalten. Dies gilt auch außerhalb des Dienstes. Im kirchlichen Dienst gelten besondere Loyalitätsanforderungen.

Die katholischen Bischöfe in Deutschland hatten bereits 1993 die „Grundordnung des kirchlichen Dienstes im Rahmen kirchlicher Arbeitsverhältnisse" (GrO) erlassen, die für die verfasste Kirche und die Caritas gilt. Am 22.11.2022 hat die Deutsche Bischofskonferenz aufgrund öffentlicher Kritik eine Neufassung verabschiedet. Der Kernbereich privater Lebensgestaltung unterliegt hierbei keinen rechtlichen Bewertungen (mehr) und entzieht sich dem Zugriff des Dienstgebers. Der in der Grundordnung festgelegte, institutionenbezogene Ansatz geht davon aus, dass es primär Aufgabe der Leitungen der Dienste und Einrichtungen der katholischen Kirche und ihrer Caritas ist, den spezifisch christlichen Charakter der Dienstgemeinschaft zu gestalten und im konkreten Miteinander mit den Betreuten und den Mitarbeitenden nach Innen und Außen glaubwürdig zu leben.

Siehe ZMV 1/2023, S. 5 ff.; 6/2022, S. 331; 4/2022, S. 185, 192;

Das Bundesverfassungsgericht hat 2014 festgestellt, dass es grundsätzlich Sache der Religionsgemeinschaften ist, nach ihrem Selbstverständnis festzulegen, welche Loyalitätsanforderungen bei ihnen gelten (s. ZMV 6/2014, S. 344; 1/2015 S. 43). Der Europäische Gerichtshof (EuGH) hat mit Urteil vom 11.9.2018 – C-68/17 (ZMV 5/2018, S. 265) entschieden: Eine Ungleichbehandlung von Mitarbeitern/innen aufgrund deren Konfession bzw. Konfessionslosigkeit ist nur dann rechtmäßig, wenn die Art der beruflichen Tätigkeit – etwa aufgrund der Nähe zum Verkündungsauftrag der Kirche – eine unterschiedliche Behandlung rechtfertigt. Die Ungleichbehandlung bzw. deren Rechtfertigung ist nach Auffassung des EuGHs vollumfänglich gerichtlich überprüfbar.

Vgl. ZMV 6/2018, S. 341; 4/2018, S. 174; 1/2017, S. 12; 3/2015, S. 123; 1/2015, S. 8

Der Rechtsauffassung des EuGH hat sich das Bundesarbeitsgericht (BAG) angeschlossen und in der Rechtssache *Egenberger* bekräftigt (BAG, 25.10.2018 – 8 AZR 501/14, ZMV 2/2019, S. 104). Gegen das BAG-Urteil wurde seitens des Ev. Werks für Diakonie und Entwicklung Verfassungsbeschwerde eingereicht; dieser hat das Gericht stattgegeben (BVerfG, 29.9.2025 – 2 BvR 934/19). Daher wird das BAG in 2026 erneut unter Berücksichtigung des Urteils des Bundesverfassungsgerichts in der Sache zu entscheiden haben.

Vgl. ZMV 1/2026

Mindestlohn

Seit 1. Januar 2015 gilt in Deutschland ein allgemeiner Mindestlohn. Dieser wurde mehrmals angehoben und beträgt seit 1. Januar 2026 13,90 € (in 2025: 12,82 €). Er ist für jedes Arbeitsverhältnis zu zahlen, z.B. auch für geringfügige, befristete oder kurzfristige Arbeitsverhältnisse. Die kirchlichen Tarife liegen in aller Regel auch in den untersten Entgeltgruppen über diesen Werten. Sollte dies nicht der Fall sein, können die MAVen ihre Zustimmung wegen Verstoßes gegen die zwingenden Bestimmungen des Mindestlohngesetzes verweigern. Der Mindestlohn wird von einer unabhängigen Mindestlohnkommission alle zwei Jahre überprüft, die mit Gewerkschafts- und Arbeitgebervertretern/innen besetzt ist. Neben dem allgemeinen Mindestlohn bestehen spezielle Spartenmindestlöhne, z.B. für die Pflege. Nach Empfehlung der Pflegekommission steigen die Mindestlöhne für Pflegekräfte zum 1. Juli 2026: für Pflegehilfskräfte insgesamt von derzeit 16,10 € auf 16,52 € pro Stunde, für qualifizierte Pflegehilfskräfte von 17,35 € auf 17,80 € pro Stunde, für Pflegefachkräfte von 20,50 € und auf 21,03 € pro Stunde. Zum 1. Juli 2027 soll dann jeweils eine weitere Erhöhungsstufe folgen.

Siehe auch ZMV 1/2026; 1/2025, S. 32; 1/2024, S. 35; 1/2023, S. 34; 1/2022, S. 27; 1/2021, S. 27; 2/2020, S. 91; zu den kirchlichen Arbeitsverhältnissen siehe ZMV 5/2014, S. 255; 1/2015, S. 27

Minijob

siehe unter „Geringfügige Beschäftigung" S. 55 ff.

Mitarbeitervertretung – Ausstattung

Gemäß § 17 Abs. 2 MAVO stellt der Dienstgeber der MAV – unter Berücksichtigung der bei ihm vorhandenen Gegebenheiten – die sachlichen und personellen Hilfen zur Verfügung. Bei der Kostenübernahme sind daher sachliche und personelle Mittel zu unterscheiden, die für die laufende Geschäftsführung der MAV benötigt werden. Diese können sein:

- Büropersonal (inklusive möglicher Vertretungsregelungen bei Ausfallzeiten), soweit erforderlich (vor allem abhängig von der Größe der Einrichtung)
- Sachliche Hilfen wie Fachzeitschriften und Publikationen (ZMV, Checklistenheft, Eichstätter Kommentar etc.)
- Büroräume, Büromaterial und technische Ausstattung (PCs, Notebooks, Tablets, Drucker, Handys etc.), Mitnutzungsmöglichkeit des Intranets der Einrichtung, ein Infoblatt, schwarzes Brett, ggf. ein Dienstwagen etc.

Vgl. ZMV 1/2026; ZMV 5/2021, S. 258

Mitarbeitervertretung – Freistellung

MAV-Tätigkeit wird grundsätzlich nach § 15 Abs. 1 MAVO (unentgeltlich) im Ehrenamt ausgeübt. Mitglieder der MAV sind daher von ihrer beruflichen Tätigkeit ohne Minderung des Arbeitsentgelts freizustellen, soweit es zur ordnungsgemäßen Durchführung ihrer Aufgaben erforderlich ist (§ 15 Abs. 2 MAVO).

§ 15 Abs. 3 MAVO legt hierbei ab einer bestimmten Einrichtungsgröße (301 Wahlberechtigte) einen pauschalen Umfang der Freistellung(en) fest. Die Regelung geht dabei davon aus, dass bei einer bestimmten Einrichtungsgröße eine Mindestzahl von Freistellungen erforderlich ist, damit die MAV-Tätigkeit ordnungsgemäß durchgeführt werden kann.

Vgl. bereits ZMV 6/2008, S. 293 ff., 2/2007, S. 65 f.; zur Verteilung von Freistellungskontingenten: ZMV 4/2024, S. 213

Mitarbeitervertretung – MAVO

Die betriebliche Mitbestimmung richtet sich in den Einrichtungen der katholischen Kirche und ihrer Caritas nach der Mitarbeitervertretungsordnung (MAVO). Die entsprechenden staatlichen Regelungen finden sich für den öffentlichen Dienst in den Personalvertretungsgesetzen sowie im Betriebsverfassungsgesetz (BetrVG) für alle weiteren Unternehmen. Die kirchlichen Normen sind an die vorgenannten staatlichen Gesetze angelehnt, bleiben betreffend die Rechte der MAV gegenüber denjenigen des Personal- oder Betriebsrats jedoch teilweise zurück – dies auch nach der letzten MAVO-Novellierung vom 19.6.2017. Durch die Corona-Pandemie hat es hinsichtlich der Sitzungen der Mitarbeitervertretung weitere Änderungen gegeben. So sind etwa Sitzungen in digitaler Form möglich.

Zu den Rechten der MAV siehe insbesondere die Stichworte „Mitberatung“, S. 76 f., „Mitbestimmung“, S. 77 f., „Initiativrecht“, S. 60 f., sowie die Grafik auf S. 75. Zur Mitbestimmung bei Kündigung eines MAV-Mitglieds siehe ZMV 2/2022, S. 70 ff.

Mitarbeitervertretung – MAVO-Novellierung 2026

Seit 2023 tagt eine Arbeitsgruppe, die sich mit der MAVO-Novellierung befasst. Am 1. Juli 2025 hat die Ad-hoc-Arbeitsgruppe des Verbands der Diözesen Deutschlands (VDD) einen ersten Regelungsentwurf dazu vorgelegt, der bis 15. Oktober 2025 Gegenstand des Beteiligungsverfahrens gemäß § 13 der „Ordnung über das Zustandekommen von arbeitsrechtlichen Regelungen auf der Ebene der Deutschen Bischofskonferenz“ (OZAR) war. Ein wichtiger Punkt der Arbeitsgruppe ist unter anderem die Unternehmensmitbestimmung im kirchlichen Bereich. Hier wird im Rahmen des „OZAR-Verfahrens“ (S. 86) jedoch eine eigenständige Regelung erlassen werden, so dass sich die Novellierung zumindest nicht weiter verzögert und mit einem Verfahrensabschluss in diesem Jahr zu rechnen ist.

Kernpunkte der MAVO-Novellierung sind u.a.:

- Einrichtungsbegriff, Dienstgeberbegriff und Mitarbeiterbegriff
- Wahlrecht
- Kirchenzugehörigkeit
- Stärkung der Zustimmungsrechte
- Dienstvereinbarung

Siehe hierzu ZMV 5/2025, S. 250; 2/2025, S. 137

Mitarbeitervertretung – Schulung

Nach § 16 Abs. 1 S. 1 MAVO ist MAV-Mitgliedern auf Antrag (nach entsprechender Beschlussfassung) an den Dienstgeber während ihrer Amtszeit bis zu insgesamt drei Wochen Arbeitsbefreiung unter Fortzahlung der Bezüge für die Teilnahme an Schulungsveranstaltungen zu gewähren. Voraussetzung ist, dass die jeweilige Schulung die für die Arbeit in der MAV erforderlichen Kenntnisse vermittelt, von der (Erz-)Diözese oder dem Diözesancaritasverband als geeignet anerkannt ist und dringende dienstliche oder betriebliche Erfordernisse einer Teilnahme nicht entgegenstehen.

Die An- und Abreise zu Schulungsmaßnahmen gehören hierbei zur vergütungspflichtigen Arbeitszeit, da sie grundsätzlich „fremdnützige" Arbeitsleistungen darstellen. Dies regeln auch KAVO, AVO und AVR Caritas in ihren Bestimmungen zu Dienstreisen.

Zum Schulungsanspruch der MAV siehe insgesamt ZMV 5/2023, S. 248

Mitarbeitervertretung – Sitzungen

MAV-Sitzungen sind ein wesentlicher Teil der MAV-Arbeit. Grundsätzlich können Beschlüsse der MAV nur in Sitzungen gefasst werden. Da die MAV auf der Grundlage ihrer Beschlüsse tätig wird, ist eine MAV-Arbeit ohne Sitzungen nicht möglich. Aufgrund der Pandemie wurde nach der MAVO die Möglichkeit geschaffen, die MAV-Sitzungen digital stattfinden zu lassen. § 14 Abs. 4 MAVO setzt hierfür voraus, dass aufgrund eines unabwendbaren Ereignisses die Sitzung nicht durch die körperliche Anwesenheit eines oder mehrerer Mitglieder durchgeführt werden kann.

In einigen Diözesen wurde nunmehr die dauerhafte Möglichkeit digitaler MAV-Sitzungen eingeführt.

Vgl. ZMV 5/2020, S. 248; 3/2020, S. 115; S. 134

Das Mitarbeitervertretungsrecht in Kirche und Caritas

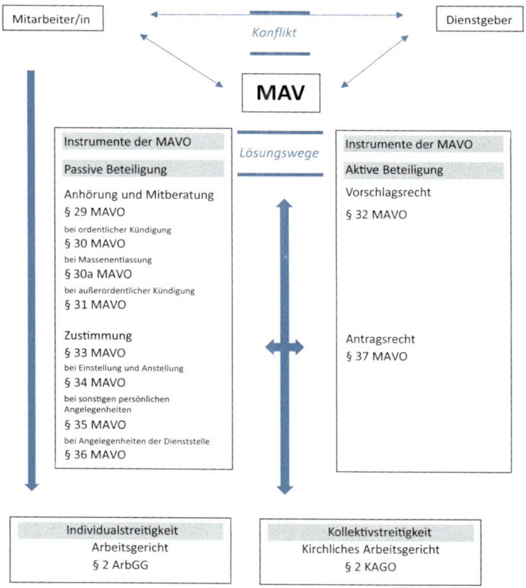

Mitarbeitervertretung – Wahlen

§ 13 MAVO regelt den Zeitpunkt der MAV-Wahlen und die Amtszeit der MAV. Die regelmäßigen Wahlen zur MAV finden alle vier Jahre in der Zeit vom 1. März bis 30. Juni statt, somit im Rahmen eines einheitlichen Wahlzeitraums. Nur ausnahmsweise wird außerhalb dieses Zeitraums gewählt.

In der MAVO bestimmt nach § 9 Abs. 2 die MAV den sog. „Wahlausschuss". Dieser bereitet die Wahl vor.

Ist keine MAV vorhanden, erfolgt im Vorfeld eine Wahl des Wahlausschusses durch die Mitarbeiterversammlung (§ 10 Abs. 1 MAVO), wobei in einigen Bistümern diese seit 2021 nun auch virtuell stattfinden kann.

§ 11 Abs. 4a MAVO bestimmt bereits seit 2017, dass der Wahlausschuss die MAV-Wahlen als Briefwahl durchführen kann.

Vgl. Grundlegendes für neue MAV-Mitglieder ZMV 4/2013, S. 191; 2/2013, S. 70; 6/2020, S. 308; zum Kündigungsschutz der Kandidaten, ZMV 4/2020, S. 150

Mitberatung

Mitberatung gemäß §§ 29 ff. MAVO ist gegenüber den Mitbestimmungsrechten das schwächere Beteiligungsrecht. Der Dienstgeber hat die MAV hinsichtlich beabsichtigter Maßnahmen anzuhören (§ 29 Abs. 2 MAVO) und mit dem Ziel der Verständigung zu beraten (§ 29 Abs. 3 S. 3 MAVO).

Die MAV hat binnen einer Woche Einwendungen vorzubringen; anderenfalls gilt die Maßnahme als nicht beanstandet.

Will der Dienstgeber nach Beratung in einer gemeinsamen Sitzung trotz fortbestehender Einwendungen gegen die Maßnahme diese durchführen, hat er die Entscheidung gegenüber der MAV schriftlich zu begründen bzw. nach der MAVO mitzuteilen.

Die MAV kann bei Verstößen gegen das Verfahren das kirchliche Arbeitsgericht anrufen. Maßnahmen in den Fällen der §§ 30, 31 MAVO (ordentliche und außerordentliche Kündigung) sind, wird die MAV nicht beteiligt, unwirksam.

Siehe auch zur Einigungsstelle das Stichwort „Rechtsschutz/Kirchliche Arbeitsgerichtsbarkeit", S. 90 ff.

Mitbestimmung/Zustimmung

Der uneingeschränkte Zustimmungsvorbehalt gemäß §§ 33 und 36 MAVO ist das stärkste Beteiligungsrecht der MAV, da sie mit diesem nicht nur rechtliche Argumente, sondern auch Sachargumente gegenüber dem Dienstgeber durchsetzen kann.

Die vom Dienstgeber zustimmungspflichtige Maßnahme ist der MAV zunächst mit der Bitte um Stellungnahme zur Kenntnis zu geben.

Vom Zeitpunkt der Kenntnisnahme an hat die MAV in der Regel eine Woche Zeit, auf die geplante Maßnahme zu reagieren. Lässt sie die Frist untätig verstreichen, gilt die Zustimmung als erteilt (Zustimmungsfiktion gem. § 33 Abs. 2 MAVO).

In dringenden Fällen ist es dem Dienstgeber gestattet, die Stellungnahmefrist zu verkürzen; die MAV kann ihrerseits beim Dienstgeber eine Fristverlängerung beantragen.

Die MAV kann aber auch eine mündliche Erörterung verlangen bzw. der Dienstgeber eine Verhandlung mit dem Ziel einer Einigung anberaumen (§ 33 Abs. 3 MAVO).

Erteilt die MAV auch nach Verhandlung ihre Zustimmung nicht, steht dem Dienstgeber der Weg zur Einigungsstelle gem. § 33 Abs. 4 i.V.m. § 41 Abs. 1 Nr. 6 MAVO offen.

Bei Maßnahmen, deren Umsetzung keinen Aufschub dulden, kann der Dienstgeber bis zur endgültigen

Entscheidung vorläufige Regelungen treffen, die aber die spätere Entscheidung nicht vorwegentscheiden oder der MAV die Zustimmungsmöglichkeit nicht nehmen dürfen (§ 33 Abs. 5 MAVO).

Bei der eingeschränkten Mitbestimmung bzw. Zustimmung nach § 34 Abs. 2 MAVO ist die MAV hinsichtlich der Zustimmungsverweigerung an die im Gesetz bzw. in der Ordnung aufgeführten Gründe wie Verstoß gegen Gesetz, Rechtsverordnung, arbeitsrechtliche Regelung, sonstiges geltendes Recht – auch rechtskräftige (kirchen-)gerichtliche Entscheidungen – gebunden. Wichtige Fälle sind die Einstellung oder die ordentliche Kündigung. Weiterhin hat die MAV zu überwachen, dass insbesondere durch personelle Maßnahmen der Frieden in der Einrichtung nicht gestört wird oder Mitarbeiter/innen nicht ohne sachlichen Grund benachteiligt werden. Die eingeschränkte Mit- bzw. Zustimmung hat daher den Charakter einer qualifizierten Rechtskontrolle. Das Kirchengericht ist ebenfalls an die Prüfung der normierten Zustimmungsverweigerungsgründe gebunden.

Vgl. auch ZMV 2/2021, S. 64 ff., ZMV 6/2013, S. 306 ff.; zur Einstellung ZMV 5/2024, S. 246 ff.

Mutterschutz

Kernstück des Frauenarbeitsschutzrechts ist das Mutterschutzgesetz (MuSchG). Es gilt für alle in einer Beschäftigung nach § 7 SGB IV stehenden Frauen; in den Schutzbereich einbezogen werden insbesondere Schülerinnen, Auszubildende, Praktikantinnen und Studentinnen. Das Bestehen einer Schwangerschaft soll dem Arbeitgeber – möglichst unverzüglich – mitgeteilt werden (§ 15 Abs. 1 MuSchG). Der Arbeitgeber kann einen ärztlichen Nachweis verlangen. Die Kosten dafür trägt er.

Entscheidender Schutz ist der Kündigungsschutz. Nach § 17 Abs. 1 MuSchG ist eine Kündigung während der Schwangerschaft, bis zum Ablauf von vier Monaten nach einer Fehlgeburt nach der zwölften Schwangerschaftswoche und bis zum Ende der Schutzfrist nach der Entbindung, mindestens jedoch bis zum Ablauf von vier Monaten nach der Entbindung unzulässig. Dieser (besondere) Kündigungsschutz nach dem Mutterschutzgesetz gilt auch während der Probezeit, in der der allgemeine Kündigungsschutz nach dem Kündigungsschutzgesetz noch keine Anwendung findet.

Werdende Mütter dürfen in den letzten sechs Wochen vor der Entbindung und bis zum Ablauf von acht Wochen danach nicht beschäftigt werden (§ 3 Abs. 1 und 2 MuSchG). Die Schutzfrist nach Entbindung verlängert sich bei Früh- und Mehrlingsgeburten sowie bei Geburten von Kindern mit Behinderungen. Bei einer vorzeitigen Entbindung verlängert sich die 14-wöchige Schutzfrist um die Tage, die durch die vorzeitige Geburt nicht in Anspruch genommen werden konnten.

Während der Schwangerschaft dürfen werdenden Müttern bestimmte Arbeiten nicht übertragen werden (z.B. im Röntgendienst von Krankenhäusern). Für jeden Arbeitsplatz im Betrieb ist eine Gefährdungsbeurteilung mit geeigneten Schutzmaßnahmen (z.B. gegen Infektionen) zu erstellen, damit der Arbeitgeber unmittelbar nach Mitteilung der Schwangerschaft die notwendigen Arbeitsschutzmaßnahmen ergreifen kann. Ziel des MuSchG ist die Ermöglichung der Weiterarbeit unter Berücksichtigung aller physischen und psychischen Beeinträchtigungen für die Schwangere oder die stillende Mutter und ihr Kind. Kommt es durch eine nicht abwendbare Gefährdung der Mutter und des ungeborenen Kindes zu einem Beschäftigungsverbot (§ 3 Abs. 1 MuSchG), so erhält die Schwangere für diesen Zeitraum einen Mutterschutzlohn (auch Mutterschaftslohn oder Ausgleichsbetrag genannt) vom Arbeitgeber (§ 18 MuSchG). Dieser kann sich die zusätzlichen Aufwendungen nach dem Aufwendungsausgleichsgesetz erstatten lassen.

Während der Mutterschutzfristen wird das Entgelt nach komplizierten Regelungen fortgezahlt (§§ 19 und 20 MuSchG = Mutterschaftsgeld von der Krankenkasse oder vom Bundesamt für Soziale Sicherung + Zuschuss zum Mutterschaftsgeld vom Arbeitgeber).

§ 24 MuSchG stellt klar, dass Mutterschutzfristen und Beschäftigungsverbote für schwangere Frauen und Mütter bei der Berechnung des Jahresurlaubs wie Beschäftigungszeiten zählen.

Vgl. ZMV 2/2019, S. 63; 1/2018, S. 31; 5/2016, S. 273; 2/2013, S. 62

Nebenabrede

Nebenabreden sind Vertragsklauseln, die sich nicht auf die Hauptleistungsverpflichtungen (Arbeitsleistung und Vergütungszahlung) beziehen, z.B.:

- Zahlung von Fahrtkostenzuschüssen,
- Pauschalierung von Zeitzuschlägen,

- Gewährung von Personalrabatten,
- Gewährung von Essenzuschüssen oder
- Rückzahlung von Ausbildungskosten.

Nebenabreden bedürfen nach § 7 Abs. 2 AVR Caritas, §§ 2 Abs. 3 TVöD/TV-L zu ihrer Wirksamkeit ebenso wie eine Befristungsabrede (§ 14 Abs. 4 TzBfG) der Schriftform, allenfalls sind sie nichtig (§ 125 BGB).

Nebentätigkeit

Die Ausübung einer Nebentätigkeit ist aufgrund von Art. 12 GG (Grundrecht der Berufsfreiheit) generell zulässig. Es ist dabei unerheblich, ob die Nebentätigkeit entgeltlich oder unentgeltlich, selbstständig oder im Rahmen eines Dienstvertrags erbracht wird. Eine Nebentätigkeit ist dem Arbeitgeber jedoch rechtzeitig vor der Aufnahme anzuzeigen. Diese Mitteilung muss neben dem Arbeit- oder Auftraggeber auch konkretisierende Angaben über die Art und den Umfang der Nebentätigkeit beinhalten. Eine Versagung der Nebentätigkeit durch den Arbeitgeber ist möglich, soweit der Arbeitgeber daran ein berechtigtes Interesse besitzt. Dies setzt voraus, dass die Arbeitsleistung durch die Nebentätigkeit beeinträchtigt wird. Eine Beeinträchtigung liegt unter anderem vor, soweit durch die Nebentätigkeit die höchstzulässige Arbeitszeit nach dem Arbeitszeitgesetz überschritten wird, die zeitliche Lage der Nebentätigkeit mit dem Hauptarbeitsverhältnis kollidiert oder die Neben- mit der Haupttätigkeit inhaltlich nicht zu vereinbaren ist. Zum Verbieten einer Nebentätigkeit braucht der Dienstgeber die Zustimmung der MAV.

Die Übernahme von Ehren- und Nebenämtern im gesellschaftlichen oder kommunalpolitischen Raum ist nicht von der Zustimmung des Arbeitgebers abhängig.

Die AVR Caritas enthalten entsprechende Regelungen in § 5 Abs. 2.

Vgl. ZMV 3/2021, S. 134; 2/2019, S. 110; 3/2014, S. 176; 1/2013, S. 2; 4/2011, S. 195

Ordentliche Kündigung

Mit „ordentlicher" Kündigung (§ 622 BGB) wird die fristgemäße Beendigung des Arbeitsverhältnisses bezeichnet – im Gegensatz zur außerordentlichen (häufig fristlosen) Kündigung (§ 626 BGB).

Arbeitsverhältnisse unterliegen dann dem allgemeinen Kündigungsschutz nach dem Kündigungsschutzgesetz (KSchG), wenn zum Zeitpunkt des Zugangs der Kündigungserklärung das Arbeitsverhältnis bereits länger als 6 Monate besteht und folgende Betriebs-/Einrichtungsgröße vorliegt:

- Hat das Arbeitsverhältnis am 1. Januar 2004 oder danach begonnen, müssen in dem Betrieb / der Einrichtung mehr als zehn Arbeitnehmer/innen beschäftigt sein.
- Hat das Arbeitsverhältnis bereits am 31. Dezember 2003 bestanden, müssen am 31. Dezember 2003 in der Regel mehr als fünf Arbeitnehmer/innen beschäftigt gewesen sein, die zum Zeitpunkt der Kündigung des Arbeitsverhältnisses noch im Betrieb beschäftigt sind. Arbeitnehmer/innen, die nach dem 31. Dezember 2003 eingestellt worden sind, werden hierbei nicht berücksichtigt.

Als Arbeitnehmer/in wird voll gezählt, wer regelmäßig mehr als 30 Stunden in der Woche beschäftigt ist. Arbeitnehmer/innen, die weniger arbeiten, werden nur anteilig berücksichtigt:

- bis 20 Stunden = 0,5 Arbeitnehmer,
- bis 30 Stunden = 0,75 Arbeitnehmer.

Findet das Kündigungsschutzgesetz Anwendung (vgl. § 23 KSchG), so bedarf die Kündigung eines Arbeitsverhältnisses der sozialen Rechtfertigung. Es müssen entweder betriebs-, personen- oder verhaltensbedingte Gründe vorliegen, die die ausgesprochene Kündigung zu rechtfertigen vermögen. Ist kein derartiger Kündigungsgrund vorhanden, ist die Kündigung rechtsunwirksam und das Arbeitsverhältnis besteht fort. Für das Vorliegen der Voraussetzungen eines Kündigungsgrunds trägt der Arbeitgeber die Darlegungs- und Beweislast. Der/die Arbeitnehmer/in muss innerhalb von drei Wochen nach Zugang der Kündigungserklärung Kündigungsschutzklage erheben, wenn er/sie die Rechtswidrigkeit der Kündigung geltend machen möchte.

Da die Kündigung das letztmögliche Mittel im Arbeitsverhältnis ist, ist vor ihrem Ausspruch zu prüfen, ob weniger einschneidende Maßnahmen ausreichen – etwa eine Ermahnung, Abmahnung, Umsetzung, Versetzung oder Herabgruppierung. Der verhaltensbedingten Kündigung hat wegen ihres „Ultima-Ratio-Charakters“ und der individuellen Möglichkeit der Besserung regelmäßig eine Abmahnung vorauszugehen.

Ist die Kündigung durch dringende betriebliche Erfordernisse begründet (z.B. Wegfall des Arbeitsbereichs), ist eine Sozialauswahl hinsichtlich der zu kündigenden Person(en) vorzunehmen. Bei der Auswahl hat der Arbeitgeber nach § 1 Abs. 3 S. 1 KSchG folgende soziale Kriterien zu berücksichtigen:

- Lebensalter,
- Dauer der Betriebszugehörigkeit,
- bestehende gesetzliche Unterhaltsverpflichtungen sowie
- eine bestehende Schwerbehinderung.

Von der Sozialauswahl können Arbeitnehmer/innen ausgenommen werden, deren Weiterbeschäftigung wegen ihrer Kenntnisse, Fähigkeiten und Leistungen im berechtigten betrieblichen Interesse liegt. Gleiches gilt, wenn eine ausgewogene Personalstruktur gesichert werden soll (§ 1 Abs. 3 S. 2 KSchG).

Ist die Sozialauswahl unter einer größeren Gruppe von Mitarbeitern/innen durchzuführen, empfiehlt sich ein zwischen Dienstgeber und MAV per Dienstvereinbarung (§ 38 MAVO) festzulegendes Punktesystem, mit dem die sozialen Kriterien gewichtet werden (z.B. 1 Punkt je Lebensjahr, 2 Punkte für jedes Jahr der Betriebszugehörigkeit, 10 Punkte für jede gesetzliche Unterhaltsverpflichtung sowie 20 Punkte für eine bestehende Schwerbehinderung).

Der Arbeitgeber hat dem/der Mitarbeiter/in nach der Kündigung eine angemessene Zeit zur Stellensuche zu gewähren (§ 629 BGB).

Steht der Zeitpunkt der Kündigung fest, ist dem/der Mitarbeiter/in anzuraten, sich umgehend bei der Agentur für Arbeit arbeitssuchend zu melden.

Vgl. Prüfungsschema auf der nachfolgenden Seite; „Checklisten 2022“, S. 28 ff; ZMV 5/2023, S. 254 ff.

Prüfungsschema „Ordentliche Kündigung“

1.
Besteht Sonderkündigungsschutz für Mitarbeitervertreterinnen/Mitarbeitervertreter, Schwangere (§ 17 MuSchG), Schwerbehinderte (§ 168 SGB IX), Pflegende von Angehörigen (§ 5 PflegeZG)?

Liegt evtl. eine besondere behördliche Genehmigung vor?

↓

2.
Besteht allgemeiner Kündigungsschutz?

a) Kündigungsschutzgesetz anwendbar? (> 5/10 Beschäftigte, > 6 Monate Beschäftigungsdauer)

b) Unwirksamkeit der Kündigung, wenn bei personenbedingter, verhaltensbedingter oder betriebsbedingter Kündigung fehlerhafte Interessenabwägung oder fehlerhafte Sozialauswahl vorliegt.

↓

3.
Wird die Kündigungsfrist eingehalten?

↓

4.
Ist das Beteiligungsverfahren mit der MAV korrekt abgelaufen? (§ 30 MAVO).

Zur Beteiligung der MAV: ZMV 2/2024, S. 67, 3/2005, S. 135; 3/2005, S. 136; zum BEM: ZMV 4/2014, S. 194

Ordnung über das Zustandekommen arbeitsrechtlicher Regelungen (OZAR)

Die OZAR hat zum Ziel, ein transparentes und rechtssicheres Verfahren zum Zustandekommen von Normtexten auf dem Gebiet des kirchlichen Arbeitsrechts festzulegen, soweit diese Normtexte durch die Deutsche Bischofskonferenz oder den Verband der Diözesen Deutschlands (VDD) beschlossen werden. Eine Gesetzesinitiative kann hierbei von den Bischöfen, der Personalwesenskommission, dem VDD, der Zentralen Arbeitsrechtlichen Kommission, der DOK, dem DCV oder der BAG-MAV ausgehen. Im Rahmen des Verfahrens findet zudem eine Anhörung der entsprechenden Gremien statt. Zur Ausarbeitung der arbeitsrechtlichen Regelungen ist eine Arbeitsgruppe zu errichten, der u.a. Vertreter/innen der Dienstnehmer- und Dienstgeberseite der Arbeitsrechtlichen Kommissionen sowie Vertreter/innen kirchlicher Verbände und sonstiger kirchlicher Institutionen angehören. Die derzeitige MAVO-Novellierung erfolgt nach der genannten Ordnung, auch eine Regelung zur Unternehmensmitbestimmung im Bereich der katholischen Kirche und ihrer Diakonie findet im Rahmen der Ordnung statt.

Siehe auch Stichwort „Mitarbeitervertretung – MAVO Novellierung 2026", S. 73

Outsourcing

Mit Outsourcing wird die Ausgliederung eines Aufgabenbereichs eines Unternehmens bezeichnet. Zumeist handelt es sich nicht um Kernaufgaben eines Unternehmens (z.B. Küchenbetrieb eines Altenheims, Reinigungsdienst einer Kirchengemeinde). Überwiegende Zielsetzung ist es, diese Aufgaben nicht mehr selbst wahrzunehmen, sondern an Dienstleister zu übertragen, die die geforderte Leistung wirtschaftlicher erbringen. Sofern von einem Outsourcing-Vorgang Personal betroffen ist, gelten für den Übergang die Regeln des Betriebsübergangs nach § 613a BGB.

Siehe auch Stichwort „Betriebsübergang“, S. 43 f.

Pausen

Weder das Arbeitszeitgesetz (ArbZG) noch der TVöD/TV-L noch kirchlich-kollektive Arbeitszeitregelungen definieren den Begriff „Pause“. Das Bundesarbeitsgericht hat hierzu festgestellt, dass es sich um eine im Voraus festzulegende Unterbrechung der Arbeit handelt, in der der/die Arbeitnehmer/in weder Arbeit zu leisten habe noch sich dafür bereitzuhalten brauche, sondern freie Verfügung darüber habe, wo und wie er diese Ruhezeit verbringen wolle. Entscheidendes Kriterium für die Pause ist damit die Freistellung des/der Arbeitnehmers/in von jeder Dienstverpflichtung und von jeder Verpflichtung, sich zum Dienst bereit zu halten.

§ 4 ArbZG schreibt Ruhepausen im Umfang von mindestens 30 Minuten bei einer Arbeitszeit zwischen sechs und neun Stunden, sowie von weiteren 15 Minuten bei einer darüberhinausgehenden Arbeitszeit vor.

Weiterhin müssen die zeitliche Lage der Pausen im Voraus (grob) feststehen, die einzelnen Pausenabschnitte mind. 15 Minuten lang sein und nach sechs

Stunden Arbeit „am Stück“ eine Pflichtpause eingelegt werden.

Weil Ruhepausen die Arbeitszeit unterbrechen und damit auch keine Arbeitsleistung erfolgt, besteht für diesen Zeitraum auch kein Vergütungsanspruch. Die Pausen sind also zur täglich bzw. wöchentlich vereinbarten oder durch TVöD oder AVR vorgesehenen Nettoarbeitszeit hinzuzurechnen.

In Bezug auf Lage und Dauer der Pausen besteht ein Zustimmungsrecht gem. § 36 Abs. 1 Nr. 1 MAVO.

Vgl. auch ZMV 4/2025 S. 182 und 1/2014, S. 18; zu Pausenzeiten bei MAV-Schulungen: ZMV 5/2023, S. 248 ff.

Pflegezeit

Das Pflegezeitgesetz (PflegeZG) ermöglicht Arbeitnehmern/innen, nahe Angehörige in häuslicher Umgebung zu pflegen, indem es Freistellungsansprüche von der Arbeit vorsieht. Für den Eintritt einer akuten Pflegesituation ist ein Anspruch auf Arbeitsbefreiung von bis zu zehn Arbeitstagen im Einzelfall vorgesehen (Kurzzeitpflege, § 2 PflegeZG). Weiterhin ist ein Anspruch auf Pflegezeit von bis zu sechs Monaten Dauer vorgesehen, die der Elternzeit nachgebildet ist (§§ 3 und 4 PflegeZG). Von der Ankündigung bis zur Beendigung der Pflegezeit besteht Sonderkündigungsschutz nach § 5 PflegeZG. Ein Entgeltfortzahlungsanspruch während der Kurzzeitpflege bzw. der Pflegezeit besteht nach diesem Gesetz zwar nicht; allerdings gibt es für die Kurzzeitpflege eine Lohnersatzleistung in Form des Pflegeunterstützungsgelds – im Grundsatz werden 90 % des wegfallenden Nettoentgelts gezahlt;

für die Pflegezeit gibt es einen Rechtsanspruch auf ein zinsloses Darlehen. Ebenfalls haben Arbeitnehmer/innen in Betrieben mit mehr als 25 Arbeitnehmern/innen einen Rechtsanspruch auf Familienpflegezeit (§ 2 FPfZG) von bis zu 24 Monaten. Für eine Gesamtdauer von 24 Monaten lassen sich Pflegezeit und Familienpflegezeit kombinieren (§ 4 PflegeZG).

Vgl. ZMV 3/2016, S. 61; 1/2015, S. 27; 1/2012, S. 5; 4/2011, S. 182; 4/2008, S. 174

Probezeit

Nach §§ 7 Abs. 4 AVR Caritas, 2 Abs. 4 TVöD/TV-L bzw. §§ 4 KAVO und 3 ABD gelten die ersten sechs Monate der Beschäftigung als Probezeit, sofern nicht im Arbeitsvertrag auf eine Probezeit verzichtet oder eine kürzere Probezeit vereinbart wurde. Sie soll den Arbeitsvertragsparteien die Prüfung ermöglichen, ob die gegenseitigen Erwartungen sich erfüllen.

Auf das Arbeitsverhältnis während der Probezeit finden grundsätzlich alle allgemeinen, arbeits-, sozialversicherungs- und zusatzversicherungsrechtlichen Vorschriften Anwendung. Der Urlaubsanspruch kann innerhalb der Probezeit regelmäßig noch nicht geltend gemacht werden.

Unabhängig von der Dauer der Probezeit tritt der allgemeine Kündigungsschutz nach dem Kündigungsschutzgesetz erst nach 6-monatigem Bestehen des Arbeitsverhältnisses ein (§ 1 Abs. 1 KSchG). Das bedeutet, dass der Arbeitgeber z.B. auch bei einer Probezeit von drei Monaten bis zum letzten Tag der sechs Monate kündigen kann, ohne dass der/die Mitarbeiter/

in sich auf den Schutz des Kündigungsschutzgesetzes berufen kann. Auch der besondere Kündigungsschutz für schwerbehinderte Arbeitnehmer/innen gilt (ohne Rücksicht auf die Dauer der Probezeit) in den ersten sechs Monaten des Arbeitsverhältnisses nicht (§ 173 Abs. 1 Nr. 1 SGB IX).

Kündigungen innerhalb der Probezeit unterliegen (wie auch Kündigungen nach deren Ablauf) der Anhörung und Mitberatung (§ 30 MAVO).

Rechtsschutz/Kirchliche Arbeitsgerichtsbarkeit

Die staatliche Arbeitsgerichtsbarkeit ist für Rechtsstreitigkeiten im Mitarbeitervertretungsrecht nicht zuständig, da diese unter die Kirchenautonomie (Art. 140 GG i.V.m. Art. 137 Abs. 3 WRV) fallen. Zuständig ist daher die kirchliche Gerichtsbarkeit. Die staatlichen Arbeitsgerichte haben aber in den individualrechtlichen Streitigkeiten inzident zu prüfen, ob die kirchliche Mitbestimmungsordnung eingehalten wurde.

Im katholischen Bereich gilt seit 1.7.2005 die kirchliche Arbeitsgerichtsordnung (KAGO). Die Gerichtsbarkeit in kirchlichen Arbeitssachen wird in erster Instanz durch diözesane oder interdiözesane Kirchliche Arbeitsgerichte und in zweiter Instanz durch den Kirchlichen Arbeitsgerichtshof (KAGH) in Bonn ausgeübt. Der KAGH wird nur tätig, wenn ein Kirchliches Arbeitsgericht die Revision gegen sein eigenes Urteil zugelassen oder der Gerichtshof auf die beim Arbeitsgericht eingelegte Revisionsbeschwerde des Revisionsführers die Revision durch Beschluss zugelassen und zumindest eine Seite einen entsprechenden Antrag gestellt hat.

Zuständig sind die kirchlichen Arbeitsgerichte für Rechtsstreitigkeiten aus der MAVO und den Ordnungen arbeitsrechtlicher Kommissionen. Für Regelungsstreitigkeiten über Inhalte der Mitbestimmung in organisatorischen und sozialen Angelegenheiten sind Einigungsstellen zuständig.

Die Einigungsstelle ist eine selbstständige Schlichtungsstelle im Bereich der MAVO. Sie ist zuständig für alle Regelungsstreitigkeiten zwischen Dienstgeber und MAV, die in § 45 MAVO aufgezählt werden. Es geht vorrangig darum, wie die Mitbestimmungsrechte näher ausgestaltet werden können. Die Aufgabe der Einigungsstelle ist, auf eine gütliche Einigung der beiden Seiten hinzuwirken.

Die wesentlichen Regelungen zur Einigungsstelle finden Sie in den §§ 40 bis 47 MAVO.

Vgl. ZMV 1/2020, S. 6; 4/2005, S. 165

Die Entscheidungen der erstinstanzlichen Kirchengerichte sowie die Entscheidungen des KAGH werden in digitaler Form unter www.zmv-online.de, „Service“, „Kirchliche Rechtsprechung“ veröffentlicht.

Zudem stellen z.B. die kirchlichen Arbeitsgerichte Hamburg, Rottenburg-Stuttgart und Mainz ihre Entscheidungen über eigene Homepages ins Internet, der KAGH unter www.dbk.de/kagh/entscheidungen-kagh, unter www.dbk.de/themen/kirche-staat-und-recht/der-kirchliche-arbeitsgerichtshof/entscheidungen-erste-instanz sind auch weitere erstinstanzliche Urteile einsehbar.

Zur Praxis des Verfahrens vor den kirchlichen Arbeitsgerichten vgl. ZMV 1/2020, S. 6; 1/2017, S. 17; 4/2016, S. 204;

2/2016, S. 74; 5/2015, S. 258; 4/2015, S. 195; 3/2015, S. 136; zu den Anwaltskosten vgl. ZMV 6/2019, S. 293.

Rufbereitschaft

Gemäß Anl. 5 § 7 AVR Caritas sowie § 7 Abs. 4 TVöD/TV-L bedeutet Rufbereitschaft die Verpflichtung des/der Mitarbeiters/in, außerhalb der regelmäßigen Arbeitszeit auf Abruf des Dienstgebers zur Arbeitsleistung zur Verfügung zu stehen. Dazu ist dem Dienstgeber der jeweilige Aufenthaltsort anzuzeigen bzw. die Erreichbarkeit mitzuteilen. Rufbereitschaft ist Ausnahme, nicht Regelfall. Sie zählt zur Ruhezeit gem. § 5 ArbZG. Bei Abruf und Arbeitseinsatz wird diese Ruhezeit unterbrochen.

Häufig ist Rufbereitschaft in medizinischen und Pflegeeinrichtungen anzutreffen, z.B. als Hintergrunddienst. Sie wird während ihrer gesamten angeordneten Dauer zu 12,5 % als Arbeitszeit gewertet und entsprechend vergütet. Nach dem TVöD/TV-L wird für die Bezahlung zwischen einer Rufbereitschaft von weniger als 12 und einer von mindestens 12 Stunden unterschieden.

- weniger als 12 Stunden

= Stundenweise Bezahlung = pro Stunde 12,5 % des individuellen Stundenentgelts + Überstundenentgelt für Arbeitsleistung und Wegezeit; Zeitzuschläge für die tatsächliche Arbeitsleistung

- mindestens 12 Stunden

= Pauschalzahlung = für die Tage Montag bis Freitag das Zweifache des individuellen Stundenentgelts; für Samstage, Sonn- und Feiertage das Vierfache des individuellen Stundenentgelts + Überstundenentgelt für die tatsächliche Arbeitsleistung und Wegezeit; Zeitzuschläge für die tatsächliche Arbeitsleistung.

Ein/e Mitarbeiter/in, der/die ständig ein auf Empfang geschaltetes Mobiltelefon mitführen muss, befindet sich ebenfalls in Rufbereitschaft.

Mitarbeitervertretungsrechtlich ist Rufbereitschaft gem. § 36 Abs. 1 Nr. 1 MAVO mitbestimmungs- bzw. zustimmungspflichtig.

Vgl. ZMV 5/2014, S. 267; 2/2014, S. 119; 5/2013, S. 267; 4/2012, S. 190; 1/2011, S. 19; zum Mindestlohn für Bereitschaftszeiten, BAG, ZMV 4/2016, S. 234

Schlichtungsstelle (AVR Caritas)

Bei Meinungsverschiedenheiten, die sich aus dem Dienstverhältnis oder der Anwendung der AVR ergeben, wie beispielsweise Eingruppierungs- oder Vergütungsfragen, haben Dienstgeber/innen und Mitarbeiter/innen gemäß § 22 Abs. 1 AVR zunächst die beim Diözesancaritasverband errichtete AVR-Schlichtungsstelle anzurufen. Diese hat die Aufgabe, Streitfälle zu schlichten. Die Nichtdurchführung des durch § 22 AVR vorgeschriebenen Schlichtungsverfahrens führt jedoch nicht zur Unzulässigkeit einer Klage vor den staatlichen Arbeitsgerichten. Nach § 22 Abs. 4 AVR schließt die Behandlung eines Falls vor der Schlichtungsstelle die fristgerechte Anrufung des Arbeitsgerichts nicht aus. Mitarbeiter/innen und Dienstgeber/innen haben somit grundsätzlich ein Wahlrecht, ob sie sich zunächst an die Schlichtungsstelle wenden oder sogleich Klage beim Arbeitsgericht erheben wollen. Für Kündigungsschutzklagen muss aber in jedem

Fall zur Fristwahrung (3-Wochen-Frist) das Arbeitsgericht angerufen werden.

Für Mitarbeiter/innen von Diözesancaritasverbänden ist die Zentrale Schlichtungsstelle beim Deutschen Caritasverband in Freiburg zuständig.

Siehe auch ZMV 3/2023, S. 130 ff., 1/2022, S. 6 ff.

Schwerbehinderung

Menschen mit Behinderungen sind Menschen, die körperliche, seelische, geistige oder sinnliche Beeinträchtigungen haben, die sie in Wechselwirkung mit einstellungs- und umweltbedingten Barrieren an der gleichberechtigten Teilhabe an der Gesellschaft mit hoher Wahrscheinlichkeit länger als sechs Monate hindern können. Eine Beeinträchtigung nach § 2 Abs. 1 S. 1 SGB IX liegt vor, wenn der Körper- und Gesundheitszustand von dem für das Lebensalter typischen Zustand abweicht. Eine Schwerbehinderung liegt nach Abs. 2 dieser Bestimmung vor, wenn der Grad der Behinderung (GdB) wenigstens 50 beträgt. Die MAV hat die Aufgabe, die Eingliederung behinderter Personen in die Einrichtung zu fördern und für eine ihren Kenntnissen und Fähigkeiten entsprechende Beschäftigung einzutreten (§ 26 Abs. 3 Nr. 3 MAVO).

In allen Einrichtungen und Dienststellen, in denen wenigstens fünf schwerbehinderte oder gleichgestellte behinderte Menschen nicht nur vorübergehend beschäftigt sind, werden eine Vertrauensperson und wenigstens ein/e Stellvertreter/in, der/die die Vertrauensperson im Falle der Verhinderung vertritt, gewählt. Die Mitwirkung der Vertrauensperson der Schwerbehinderten, wie die Schwerbehindertenvertretung auch genannt wird, ist in § 52 MAVO geregelt.

Der Arbeitgeber ist bei jeder Stellenbesetzung zur Prüfung verpflichtet, ob der Arbeitsplatz mit einem schwerbehinderten Menschen besetzt werden kann (§ 164 Abs. 1 SGB IX). Bei der Gestaltung des Arbeitsplatzes und der Regelung der Arbeitszeit muss auf die Belange der schwerbehinderten Menschen Rücksicht genommen werden (§ 164 Abs. 4 SGB IX). Schwerbehinderte Mitarbeiter/innen haben Anspruch auf Zusatzurlaub von fünf Arbeitstagen im Urlaubsjahr (§ 208 SGB IX). Auf sein Verlangen hin wird ein schwerbehinderter Mensch von Mehrarbeit freigestellt (§ 207 SGB IX). Die Kündigung schwerbehinderter Mitarbeiter/innen bedarf nach § 168 SGB IX der vorherigen Zustimmung des Integrationsamts. Schwerbehinderten gleichgestellt sind Personen mit einem GdB von weniger als 50, aber wenigstens 30 (§ 2 Abs. 3 SGB IX). Für Gleichgestellte gelten die besonderen Regelungen des Schwerbehindertenrechts mit Ausnahme des Zusatzurlaubs. Damit haben auch Gleichgestellte den besonderen Kündigungsschutz nach SGB IX. Der Kündigungsschutz gilt allerdings nicht während der Probezeit (siehe S. 89 f.).

Zur Offenbarungspflicht der Schwerbehinderung: ZMV 5/2019, S. 234; Zum Teilzeitanspruch: ZMV 6/2024, S. 354

Sonderurlaub

Bei Vorliegen eines wichtigen Grundes kann nach Anl. 14 § 10 AVR Caritas sowie § 28 TVöD/TV-L bzw. § 38 KAVO NW Sonderurlaub unter Wegfall der Bezüge in Anspruch genommen werden. Dienstliche und betriebliche Belange dürfen nicht entgegenstehen. Die Entscheidung über den Antrag ist nach billigem Ermessen (§ 315 BGB) zu treffen. Als wichtige Gründe kommen unter anderem die Betreuung von Familienangehörigen oder die persönliche berufliche Weiterentwicklung in Betracht.

Soweit der Dienstgeber ein dienstliches Interesse am Sonderurlaub anerkennt, gilt dieser als Beschäftigungszeit. In sonstigen Fällen wird der Lauf der Beschäftigungszeit durch Sonderurlaub gem. Anl. 14 § 10 Abs. 6 AVR Caritas (dort erst ab der 5. Woche der Inanspruchnahme) und § 34 Abs. 3 TVöD unterbrochen. Während des Sonderurlaubs besteht das Arbeitsverhältnis zwar rechtlich fort, jedoch ruhen die Hauptleistungspflichten.

Systematisch ist der Sonderurlaub von der Beurlaubung und Teilzeitbeschäftigung in besonderen Fällen, die längere Zeiträume als den des Sonderurlaubs umfassen, zu trennen. Typisches Beispiel ist hier der Sonderurlaub unter Fortfall der Bezüge nach der Elternzeit zur weiteren Betreuung des Kindes. Als Obergrenzen gelten gemäß Anlage 14 § 10 Abs. 4 AVR Caritas fünf Jahre.

Vgl. ZMV 5/2012, S. 259

Sozialauswahl

„Sozialauswahl bei betriebsbedingter Kündigung" siehe unter „Ordentliche Kündigung", S. 82 ff.

Sozialplan

In wirtschaftlichen Problemsituationen der Einrichtung oder bei Betriebsänderungen sollen Sozialpläne

Mitarbeiter/innen vor wirtschaftlichen und sozialen Nachteilen schützen. Sie dienen dem Ausgleich oder der Milderung der finanziellen und sozialen Folgen für die Beschäftigten – im Extremfall des Arbeitsplatzverlustes.

Sozialpläne regeln zum Beispiel

- die Möglichkeiten einer Weiterqualifikation von Mitarbeitern/innen,
- die Weitervermittlung an andere Arbeitgeber,
- Grundlagen für die Sozialauswahl,
- betriebsbedingte Umzüge
- und Abfindungsleistungen (vgl. Stichwort „Abfindung", S. 9 f.).

Sozialpläne sind ein Spezialfall der Dienstvereinbarung nach § 38 MAVO. Anlässe sind Auflösung, Einschränkung oder Verlagerung von Einrichtungen bzw. Einrichtungsteilen sowie Rationalisierungsmaßnahmen.

Die MAV hat bei der Aufstellung von Sozialplänen ein Zustimmungsrecht gem. § 36 Abs. 1 Nr. 11 MAVO und ein Antragsrecht gem. § 37 Abs. 1 Nr. 11 MAVO. Sozialplanverhandlungen dürfen nicht verweigert werden.

Vgl. ZMV 3/2004, S. 122; KGH.EKD, ZMV 5/2014, S. 280

Sozialversicherungsbeiträge

Sozialversicherungsbeiträge (Beiträge zur Kranken-, Pflege-, Renten- und Arbeitslosenversicherung) sind auf der Grundlage des sozialversicherungspflichtigen Bruttoarbeitsentgelts (= grundsätzlich der steuerpflichtige Arbeitslohn) bis zu bestimmten jährlich neu festzusetzenden Beitragsbemessungsgrenzen zu zahlen. Arbeitsentgelt, das über diese Grenzen hinausgeht, unterliegt nicht der Beitragszahlung. Die Sozialversicherungsbeiträge werden zwischen Arbeitgeber und Arbeitnehmer/in grundsätzlich gleich aufgeteilt (sog. Hälfteprinzip).

Daneben wird individuell von jeder gesetzlichen Krankenkasse ein Zusatzbeitrag erhoben, der hälftig („paritätisch") vom Arbeitgeber und dem/der Arbeitnehmer/in zu tragen ist. Dieser Zusatzbeitrag beträgt im Kalenderjahr 2026 durchschnittlich 2,9 % (Anhebung um 0,4 %).

Der Gesamtbetrag zur gesetzlichen Krankenversicherung (allgemeiner Beitragssatz 14,6 % + Zusatzbeitrag 2,9 % oder je nach Krankenkasse mehr/weniger) beträgt dann im Durchschnitt 17,5 %.

Grenzwerte in der Sozialversicherung 2026 siehe nachfolgende Seite.

Sterbegeld

Nach Anl. 1 Abschn. XV AVR Caritas und § 23 Abs. 3 TVöD/TV-L sollen finanzielle Belastungen, die mit dem Tod eines/r Mitarbeiters/in für die Angehörigen entstehen, ausgeglichen oder gemildert werden. Sterbegeld wird deshalb für Angehörige von Personen gewährt, die während des Arbeitsverhältnisses sterben.

Der Anspruch ist im TVöD/TV-L auf Ehegatten bzw. Lebenspartner i.S.d. Lebenspartnerschaftsgesetzes oder die Kinder beschränkt. Weitere Personen sind – im Gegensatz zu den AVR Caritas – in keinem Fall anspruchsberechtigt. Es umfasst das Tabellenentgelt für die restlichen Tage des Monats, in dem der/die Mitarbeiter/in verstorben ist, sowie für weitere zwei Monate.

2026	**bundeseinheitlich**
Beitragssätze	
Arbeitslosenversicherung	2,6 %
Krankenversicherung	14,6 %
Pflegeversicherung	3,6 %
Pflegeversicherung Kinderlose	4,2 %
Rentenversicherung	18,6 %
Beitragsbemessungsgrenzen	
Arbeitslosenversicherung	8.450,00 €
Krankenversicherung	5.812,50 €
Pflegeversicherung	5.812,50 €
Rentenversicherung	8.450,00 €
Geringverdiener	
Arbeitslosenversicherung Krankenversicherung Pflegeversicherung Rentenversicherung	325,00 €
Kranken- und Pflegeversicherungspflichtgrenze	
Jahresarbeitsentgeltgrenze	77.400,00 €
Geringfügigkeitsgrenze	
Arbeitslosenversicherung Krankenversicherung Pflegeversicherung Rentenversicherung	603,00 €
Einkommensgrenze in der Familienversicherung	
Angehörigenmitversicherung bis zu einem Einkommen von	565,00 €
Minijobs	603,00 €
Hinzuverdienstgrenze bei Altersvollrenten	unbegrenzt

Zum Todeszeitpunkt muss ein aktives Arbeitsverhältnis bestehen. Ruht das Arbeitsverhältnis z.B. wegen

- Sonderurlaub (§ 28 TVöD oder Anl. 14 § 19 Abs. 1 AVR Caritas),
- Rente auf Zeit (§ 18 Abs. 4 AVR Caritas),
- Elternzeit nach dem Bundeselterngeld- und Elternzeitgesetz (soweit keine Teilzeittätigkeit geleistet wird – § 15 BEEG),
- Pflegezeit nach dem Pflegezeitgesetz (PflegeZG),
- Mandatszeiten nach Abgeordnetengesetzen,

so besteht kein Anspruch auf Sterbegeld.

Streik

Streik ist die planmäßige, kollektive Arbeitseinstellung und somit die kollektive Verweigerung der Erfüllung arbeitsvertraglicher Pflichten. Bei „Aussperrung“ handelt es sich um die planmäßige Ausschließung der Arbeitnehmer/innen von der Arbeit durch die Arbeitgeber, in der Regel als Reaktion auf Streiks. Warnstreiks sind zunächst nur vorübergehend durchgeführte Maßnahmen. In zwei Grundsatzentscheidungen vom 20.11.2012 hat das BAG festgestellt, dass Streiks von den Kirchen dann ausgeschlossen werden können, wenn sich die Gewerkschaften organisatorisch in den Dritten Weg einbinden lassen können, sich koalitionsmäßig betätigen können und die Arbeitsrechtsregelungen für die Arbeitgeber verbindlich sind. Fehlt es an einer dieser Voraussetzungen, ist nach den Entscheidungen Streik möglich.

Vgl. ZMV 1/2014, S. 2; 3/2013, S. 122; 6/2009, S. 286; BAG, ZMV 3/2013, S. 171, 176

Stufenaufstieg/Stufenzuordnung

Stufenaufstieg ist das Aufrücken in den Erfahrungsstufen der jeweiligen Entgeltgruppe (horizontaler Aufstieg, § 16 f. TVöD/TV-L, §§ 14 Anl. 31 und 32, 13 Anl. 33 AVR Caritas, §§ 14 Anl. 30, 31 und 32 AVR-Ärzte). Im TVöD/TV-L setzt der Stufenaufstieg eine ununterbrochene Tätigkeit in der jeweiligen Entgeltgruppe voraus. Besondere Regelungen zu Unterbrechungen (wie z.B. Mutterschutz, Elternzeit, Arbeitsunfähigkeit, Sonderurlaub usw.) sind in den §§ 16 TVöD/TV-L, §§ 14 Anl. 31 und 32, 13 Anl. 33 AVR Caritas und §§ 14 Anl. 30, 31 und 32 AVR-Ärzte zu finden und entsprechend zu beachten.

Die Anerkennung von Zeiten bei Vorarbeitgebern bei der Stufenfestsetzung ist unterschiedlich geregelt. Die Stufe ist im Zusammenhang mit der Feststellung der Entgeltgruppe im Rahmen der Eingruppierung festzusetzen. Probleme gibt es in der Praxis nicht nur bei der Zuordnung zu den Stufen 2 und 3, sondern vor allem bei der Anerkennung förderlicher Zeiten für die Stufen 4, 5 und 6. Verfügt der/die Mitarbeiter/in über eine einschlägige Berufserfahrung von mindestens einem Jahr, erfolgt die Einstellung in Stufe 2. Verfügt er über eine einschlägige Berufserfahrung von mindestens drei Jahren, erfolgt eine Zuordnung zur Stufe 3 (vgl. z.B. § 16 Abs. 2 S. 2 TVöD/VKA oder auch § 13 Abs. 2 S. 2 Anl. 32 AVR Caritas).

Unabhängig von der oben beschriebenen Stufenzuordnung zu den Stufen 2 oder 3 – aufgrund einschlägiger Berufserfahrung von einem oder drei Jahren – kann der Arbeitgeber zur Deckung des Personalbedarfs bei Neueinstellungen Zeiten einer vorherigen beruflichen Tätigkeit ganz oder teilweise für die Stufenzuordnung berücksichtigen, wenn diese Tätigkeit für die vorgesehene Tätigkeit förderlich ist (vgl. z.B. § 16 Abs. 2 S. 3 TVöD/VKA bzw. § 13 Abs. 2 S. 3 Anl. 32 AVR Caritas). Damit ist eine Stufenzuordnung zu den Stufen 4, 5 und 6 bei der Einstellung bereits möglich. Die erstmalige Stufenfestsetzung unterliegt dem Zustimmungsrecht nach § 35 Abs. 1 Nr. 1 MAVO.

Zur Zustimmungsverweigerung vgl. auch KAG Mainz, ZMV 4/2015, S. 188; ZMV 6/2014, S. 336; 5/2011, S. 250; 4/2010, S. 200

Teilzeitbeschäftigung

Bei einer Beschäftigung, die nicht mit der regelmäßigen wöchentlichen Arbeitszeit einer/eines Vollbeschäftigten ausgeübt wird, handelt es sich um eine Teilzeitbeschäftigung.

Gemäß § 4 Abs. 1 TzBfG dürfen Teilzeitbeschäftigte nicht schlechter behandelt werden als vergleichbare Vollzeitbeschäftigte. Die Arbeitszeit kann auf Antrag nach Anl. 5 § 1a AVR Caritas bzw. § 11 Abs. 1 TVöD zum Beispiel zur Kinderbetreuung (auch befristet) reduziert werden. Besondere Möglichkeiten der Verringerung der Arbeitszeit bzw. der „elterngeldunschädlichen" Teilzeitbeschäftigung ergeben sich während der Elternzeit (§ 15 BEEG).

Nach § 8 TzBfG kann eine Arbeitnehmerin / ein Arbeitnehmer, deren/dessen Arbeitsverhältnis länger als sechs Monate bestanden hat, verlangen, dass seine/ihre vertraglich vereinbarte Arbeitszeit (unbefristet) reduziert wird. Der Arbeitgeber darf entsprechende Anträge nur ablehnen, wenn betriebliche Gründe der Verringerung der Arbeitszeit entgegenstehen.

Mitarbeitervertretungsrechtlich werden Teilzeitbeschäftigte regelmäßig wie Vollzeitkräfte behandelt. Schwerbehinderte haben einen Anspruch auf Teilzeitbeschäftigung, wenn die kürzere Arbeitszeit wegen Art und Schwere der Behinderung nötig ist (§ 164 Abs. 5 S. 3 SGB IX).

Brückenteilzeit (§ 9a TzBfG) ermöglicht Arbeitnehmern/innen die befristete Reduzierung der Arbeitszeit und räumt ihnen damit einen Rechtsanspruch auf Rückkehr auf den vor der Brückenteilzeit bestehenden Arbeitszeitumfang ein. Der Anspruch besteht nur, wenn der Arbeitgeber in der Regel mehr als 45 Arbeitnehmer/innen beschäftigt. § 9a Abs. 2 TzBfG enthält eine Staffelregelung darüber, wie viele Beschäftigte die Brückenteilzeit in Anspruch nehmen können.

Vgl. ZMV 3/2019, S. 116; 4/2012, S. 195; 3/2002, S. 120; zum Anspruch bei Schwerbehinderung siehe ZMV 6/2024, S. 354

Überstunden

Der Dienstgeber hat in Ausübung seines Direktionsrechts die Möglichkeit, bei Bedarf Überstunden anzuordnen. Diese sind gem. Anl. 6 AVR Caritas sowie § 7 Abs. 7 TVöD/TV-L als die Stunden definiert, die auf Anordnung des Arbeitgebers über die regelmäßige Arbeitszeit oder die für die Woche dienstplanmäßig oder betriebsüblich festgesetzten Arbeitsstunden hinausgehen. Sie sind auf dringende Fälle zu beschränken sowie auf die Angestellten gleichmäßig zu verteilen.

Eine eigenständige Überstundendefinition findet sich im TVöD/TV-L-Bereich und in den Anlagen 30 bis 33 AVR Caritas bei Schicht- und Wechselschichtarbeit. Diesen hat das BAG (25.4.2013, ZMV 4/2013, S. 201) wie folgt definiert: Das Maß für das Entstehen der Überstunden ist nicht mehr die im Schichtplan geplante Arbeitszeit, unabhängig davon, ob eine Über- oder Unterschreitung stattgefunden hat, sondern das Überschreiten der durchschnittlichen wöchentlichen Arbeitszeit eines Vollzeitbeschäftigten bezogen auf den Zeitplan des Schichtplanturnus – wobei das BAG ausdrücklich darauf hingewiesen hat, dass mit Schichtplanturnus die jeweilige Dienstplandauer (4-, 6-, 8- oder 12-Wochendienstplan) gemeint ist (zur Problematik bei Teilzeitarbeit in Wechselschicht- und Schichtarbeit siehe ZMV 1/2015, S. 13 und 1/2016, S. 16).

Wird nach TVöD/TV-L ein Arbeitszeitkorridor oder eine Rahmenarbeitszeit vereinbart, fallen zuschlagspflichtige Überstunden in der Regel nicht an (§ 7 Abs. 8 TVöD/TV-L).

Im Rahmen von Arbeitszeitkonten (Anl. 5b und c AVR Caritas) können Überstunden grundsätzlich erst entstehen, wenn die höchstzulässige Plusstundenzahl für den Abrechnungszeitraum – mit Anordnung bzw. Duldung – überschritten wird. Die Anordnung kann mündlich, schriftlich oder auch durch schlüssiges Verhalten erfolgen.

Angeordnete Überstunden sind nach Anl. 6a § 1 AVR Caritas bzw. § 8 Abs. 1 Buchst. b TVöD/TV-L mit vergütungsgruppenabhängigen Zeitzuschlägen versehen, soweit sie nicht arbeitsvertraglich als von der

Regelvergütung umfasst gelten (z.B. bei leitenden Angestellten).

Der EuGH hat mit Urteil vom 29.7.2024 (C-184/22 und C-185/22) entschieden, dass Teilzeitbeschäftigte nicht schlechter behandelt werden dürfen, wenn es darum geht, eine erhöhte Vergütung wegen Überschreitung einer bestimmten Zahl an Arbeitsstunden zu erhalten. Ihnen kann ein Anspruch auf Überstundenvergütung somit bereits zustehen, soweit ihre individuelle Arbeitszeit überschritten wird, selbst wenn tarifvertraglich geregelt ist, dass Überstundenzuschläge erst bei Überschreitung der regelmäßigen Arbeitszeit von Vollzeitbeschäftigten gezahlt werden. Dies hat das BAG am 5.12.2024 (8 AZR 370/20) bestätigt.

Bei Anordnung von Überstunden ist die MAV nach § 36 Abs. 1 Nr. 1 MAVO zu beteiligen.

Vgl. ZMV 2/2025, S. 69; 6/2022, S. 306 ff.; 1/2014, S. 58; 6/2014, S. 313; 5/2004, S. 221; 1/2018, S. 39; zum Arbeitszeitrecht insgesamt: ZMV 4/2025, S. 182 ff.

Umsetzung

Umsetzung ist der Wechsel auf einen anderen Arbeitsplatz innerhalb desselben Betriebs eines Arbeitgebers in Abgrenzung zur Abordnung oder Versetzung. Umsetzungen sind dem Dienstgeber aufgrund des Direktionsrechts aus § 106 GewO möglich, soweit ein sachlicher Grund (Vermeidung von Willkürakten) und keine Einschränkung aufgrund arbeitsvertraglicher Vereinbarung vorliegt. Tarifvertraglich geregelt ist die Umsetzung nicht. Sie ist von der Versetzung und Abordnung i.S.d. § 4 Abs. 1 TVöD/TV-L dergestalt zu unterscheiden, dass – wie vorstehend beschrieben – hier eine dauerhafte oder vorübergehende Übertragung anderer Aufgaben innerhalb der/desselben Dienststelle/Betriebs/Einrichtung stattfindet. Sie ist – weiterhin – im oben beschriebenen Rahmen des Direktionsrechts einseitig zulässig, soweit die neuen Aufgaben von der Entgeltgruppe/Vergütungsgruppe, in die der/die Arbeitnehmer/in eingruppiert ist, gedeckt sind.

Der MAV steht bei einer Umsetzung lediglich ein Informationsrecht gem. § 27 Abs. 2 MAVO zu.

Nach der MAVO ist der Tatbestand der Umsetzung somit nicht beteiligungspflichtig.

Zur Versetzung eines MAV-Mitglieds: ZMV 1/2019, S. 41; insgesamt: ZMV 5/2022, S. 242 ff.

Unkündbarkeit

Mitarbeiterinnen und Mitarbeiter, die

- das 40. Lebensjahr vollendet haben und
- seit mindestens 15 Jahren beschäftigt sind,

sind gem. §§ 14 Abs. 5 und 15 AVR Caritas sowie § 34 Abs. 2 TVöD bzw. § 43 KAVO NW unkündbar.

Das heißt, ihnen kann grundsätzlich nicht mehr ordentlich gekündigt werden (sei es im Rahmen einer Änderungs- oder gar Beendigungskündigung).

Als Kündigungsmöglichkeit kommt deshalb nur noch eine außerordentliche Kündigung aus wichtigem Grund im Sinne von § 626 BGB in Betracht.

Das Privileg der Unkündbarkeit hat dort seine Grenze, wo – bedingt durch Schließung von Einrichtungen oder wesentlichen Teilen von diesen – eine Weiterbeschäftigungsmöglichkeit objektiv nicht mehr besteht. In diesen Fällen kann eine außerordentliche Kündigung mit „sozialer" Auslauffrist, nämlich der längst möglichen ordentlichen Kündigungsfrist, ausgesprochen werden. Hierauf weist z.B. § 15 Abs. 1 i.V.m. Abs. 4 AVR Caritas ausdrücklich hin. Unkündbarkeit bedeutet daher nicht einen absoluten Kündigungsausschluss, sondern eine erhebliche Kündigungseinschränkung. Bei tariflich eigentlich unkündbaren Angestellten besteht zudem die Möglichkeit, eine Änderungskündigung mit dem Inhalt der Herabgruppierung um eine Vergütungsgruppe auszusprechen. Voraussetzung ist, dass die Beschäftigung unter den bisherigen Bedingungen nachweisbar nicht mehr möglich oder der Mitarbeiter / die Mitarbeiterin außerstande ist, die Arbeitsleistungen zu erfüllen, für die sie/er eingestellt wurde (§ 15 Abs. 2 AVR Caritas). TVöD und TV-L kennen eine solche Regelung nicht.

Vermögenswirksame Leistungen

Vermögenswirksame Leistungen sind Geldleistungen, die der Arbeitgeber für den/die Arbeitnehmer/in anlegt. Der/die Mitarbeiter/in kann grundsätzlich verlangen, dass der Arbeitgeber einen Teil seiner/ihrer Bezüge vermögenswirksam anlegt. Für die Anlageform und das entsprechende Konto ist der/die Arbeitnehmer/in zuständig.

Anl. 9 AVR Caritas sowie § 23 Abs. 1 TVöD/TV-L geben dem/der Mitarbeiter/in darüber hinaus einen zusätzlichen Anspruch auf einen Beitrag (besondere Zahlung) des Arbeitgebers zur Vermögensbildung.

Die vom Arbeitgeber zu gewährende besondere Zahlung beträgt bei Vollzeitbeschäftigten 6,65 € monatlich. Häufigste Anlageformen sind Bausparverträge, Lebensversicherungen oder Fondsmodelle.

Zeitzuschläge

Zeitzuschläge sind besondere, nicht notwendig dauerhafte oder wiederkehrende Vergütungsbestandteile, die Mitarbeiter/innen gemäß Anl. 6a AVR Caritas sowie § 8 Abs. 1 TVöD/TV-L zusätzlich zu ihren allmonatlichen Bezügen erhalten. Zeitzuschläge sind ihrem Wesen nach Erschwerniszuschläge. Für die Erschwernis der Sonntags-, Feiertags-, Nachtarbeit usw. werden sie in unterschiedlicher Höhe zum monatlichen Entgelt (Tabellenentgelt, Regelvergütung usw.) gezahlt. Sie werden als sogenannte unständige Bezügebestandteile bezeichnet (im Gegensatz zu den ständigen Bezügebestandteilen wie Tabellenentgelt und Zulagen in Monatsbeträgen). Diese Unterscheidung ist wichtig für die Fälligkeit und Zahlung.
Es ist möglich, durch Dienstvereinbarung Zeitzuschläge in Arbeitsstunden umzurechnen und einem Arbeitszeitkonto gutzuschreiben. Der Fachausdruck hierfür heißt „Faktorisierung“. Faktorisierung ist hierbei auch in bestimmten Bereichen des TVöD, des TV-L und der AVR Caritas möglich.

Zeugnis

Nach Beendigung des Arbeitsverhältnisses hat jede/r Mitarbeiter/in Anspruch auf Erteilung eines Zeugnisses (§ 109 GewO). Tariflich ist dies in § 20 AVR Caritas sowie 35 TVöD/TV-L geregelt. Aus triftigen Gründen können Beschäftigte z.B. nach § 35 Abs. 2 TVöD/TV-L auch während des Arbeitsverhältnisses ein Zeugnis erhalten (Zwischenzeugnis). Seit 2025 kann das Zeugnis durch Änderung des § 630 BGB im Rahmen des 4. Bürokratieentlastungsgesetzes auch in elektronischer Form ausgestellt werden (§ 109 Abs. 3 GewO)– dies unter Einwilligung des/der Mitarbeitenden.

Das Arbeitszeugnis dient dem beruflichen Fortkommen sowie potenziellen Arbeitgebern als Auswahl- und Bewertungskriterium. Deshalb hat der Zeugnisinhalt der Wahrheit zu entsprechen. Überdies gebietet die Fürsorgepflicht eine wohlwollende Zeugnissprache, die selbst bei objektiv negativen (Wert-)Urteilen einzuhalten ist.

Neben dem einfachen Zeugnis (§ 109 Abs. 1 S. 2 GewO), das im Wesentlichen nur die Tätigkeitsbeschreibung sowie zeitliche und persönliche Daten enthält, bildet das auf Verlangen zu erstellende qualifizierte Zeugnis nach § 109 Abs. 1 S. 3 GewO den Regelfall. Es enthält wertende Aussagen über die Qualität der Arbeitsleistung und das Verhalten am Arbeitsplatz.

Beurteilungsmaßstab ist eine durchschnittliche Leistung, gegenüber der die entsprechenden Bewertungen einzustufen sind. Häufig geschieht dies durch standardisierte Formulierungen wie „stets zu unserer vollen Zufriedenheit“ für eine gute, „im Großen und Ganzen zu unserer Zufriedenheit“ für eine mangelhafte Leistung (vgl. hierzu auch BAG, 18.11.2014 – 9 AZR 584/13, ZMV 6/2014, S. 345).

Der Arbeitgeber ist gesetzlich nicht verpflichtet, das Arbeitszeugnis mit Formulierungen abzuschließen, in denen er dem Arbeitnehmer für die geleisteten Dienste dankt, dessen Ausscheiden bedauert oder ihm für die Zukunft alles Gute wünscht (BAG, 11.12.2012 – 9 AZR 227/11, bestätigt: BAG 25.01.2022, 9 AZR 146/21).

Grund und Art der Beendigung sind grundsätzlich nur dann in das Zeugnis aufzunehmen, wenn der/die Mitarbeiter/in dies wünscht. Gleiches gilt für eine mitarbeitervertretungsrechtliche Tätigkeit.

Ein gegebenenfalls gerichtlich durchsetzbarer Zeugnisberichtigungsanspruch besteht, wenn das Zeugnis wahrheitswidrige Tatsachen, ehrverletzende Werturteile oder fehlerhafte Bewertungen enthält. Die Beweislast hierfür trägt der Arbeitgeber.

Vgl. ZMV 2/2021, S. 76; 1/2013, S. 14
Vgl. insgesamt Richartz, Arbeitszeugnisse in Kirche, Caritas und Diakonie, 2021, KETTELER-Verlag

Zusatzversorgung

Durch die Einzahlungen des Arbeitgebers (und bei bestimmten Kassen auch die des Arbeitnehmers / der Arbeitnehmerin) in die Versorgungskassen erwerben die Mitarbeiter/innen Versorgungspunkte im Verhältnis ihrer Gehälter zu einem „Referenzentgelt“ unter Berücksichtigung eines Altersfaktors. Das Referenzentgelt beträgt zurzeit aus versicherungsmathematischen Gründen 1.000,– €.

Die Formel für die Zusatzversorgung lautet:

$$\frac{\text{Entgelt}}{\text{Referenzentgelt x Altersfaktor}} = \text{Versorgungspunkte (pro Zeitabschnitt)}$$

Versorgungspunkte x Messbetrag x 1 (Altersrente) = Zusatzrente

Der Messbetrag ist ebenfalls versicherungsmathematisch begründet. Er beträgt zurzeit 4,– €.
Die Versicherten erhalten einmal jährlich von den Zusatzversorgungskassen eine Mitteilung, aus der sich die bislang erworbene Zusatzrente ergibt.
Die Beiträge der kirchlichen Zusatzversorgungskassen (KZVK) betragen zurzeit 5,6 bis 6,0 % des zusatzversorgungspflichtigen Bruttoarbeitsentgelts und werden in der Regel vom Arbeitgeber allein getragen. Dazu kommen ebenfalls vom Arbeitgeber zu tragende Sonderbeiträge, die bei den kirchlichen Zusatzversorgungskassen differieren. Mit den Sonderbeiträgen werden die aus dem früheren Gesamtversorgungssystem resultierenden Anwartschaften sowie die Umstellung des Systems auf Kapitaldeckung ausfinanziert. Die meisten Arbeitsrechtlichen Kommissionen haben dazu ergänzend von den Mitarbeitern/innen zu entrichtende Eigenbeiträge beschlossen, die zwischen 0,2 bis 1,0 % liegen. Bei der KZVK wird ab einem Beitrag zur Betriebsrente von über 5,2 % der darüber liegende Anteil je zur Hälfte von Arbeitgeber und Arbeitnehmer/in erbracht. Für 2026 und bei einem unveränderten Beitragssatz von 6,0 % liegt der Arbeitnehmeranteil somit bei 0,4 %. Ab 2027 wäre laut KZVK nach den aktuellen Modellrechnungen ein Beitragssatz von rund 6,6 % notwendig.
Die Versicherten können ihre Versorgungssituation durch freiwillige Beiträge aufstocken und dabei die steuer- und sozialversicherungsrechtlichen Vorteile des Altersvermögensgesetzes nutzen (vgl. unter Stichwort „Entgeltumwandlung“, S. 52 ff.).

Ausnahmsweise sind kirchliche Beschäftigte über die Versorgungsanstalt des Bundes und der Länder (VBL) oder kommunale Versorgungseinrichtungen versichert. Für diese Versorgungseinrichtungen gelten andere Beitragssätze, die erheblich höher sind als die Sätze der kirchlichen Kassen; das Leistungsrecht ist dagegen weitestgehend identisch.

Gute Informationsmöglichkeiten bietet: www.kzvk.de